国粹图典

 兵器

时期	年份	事件	说明
	309—317		西晋元康元年（291），随着西晋对地方控制力的下降，少数民族和流民纷纷起兵，匈奴人刘渊便在此时称帝，建国号汉，割据称雄。以目标，长安为目标，分别将为司马炽、晋愍帝司马邺，此后刘渊及其继任者以洛阳、长安为目标，分别俘虏了晋怀帝司马炽、晋愍帝司马邺，灭亡西晋。
东晋五胡十六国	313	祖逖北伐	313年，西晋祖逖逃向司马睿请命北伐，经过艰苦的作战取得一定成效。西晋灭亡后，司马睿继晋王位（史称东晋），祖逖北伐保障了东晋苟安。
	328	前赵后赵洛阳之战	328年，石勒与刘曜决战于洛阳一带，刘曜被后赵所擒。翌年，后赵灭亡前赵。
	351—352	廉台之战	前燕乘夺取后赵幽州之地后，不断向南扩张。383年，前秦大将冉闵自立为帝，国号大魏（史称冉魏），欲北图幽州，双方军至廉台（今河北定州东南）决战，前燕开始十战皆败，后利用骑兵优势将冉闵引入平地，以铁锁连马为方阵冲击，冉闵大败被擒，此后不久，冉魏灭亡。
	383	淝水之战	前秦苻坚在北方的统治已定基础，不久前秦覆灭。由于军心不稳，前秦大败，处于劣势的晋军获得胜利。此战的失败动摇了苻坚在北方的统治基础，不久前秦覆灭。
	396—398	北魏攻燕之战	386年，鲜卑拓跋珪建立魏，史称"北魏"。395年，后燕攻北魏，拓跋珪大败后燕军，并乘胜南下，拥有黄河以北地区，成为北方的强大势力之一。396年，北魏拓跋珪又率军南下攻燕，于398年攻占后燕都城，后燕覆灭。
	409—417	刘裕北伐	409年，东晋中军将军刘裕攻克燕都广固，灭亡南燕。416年，刘裕率兵攻取秦都长安，灭亡了后秦。此后不久刘裕称帝，国号为宋。中国历史进入南北朝时期。
南北朝	427—439	北魏统一北方	427年，北魏用3万骑兵攻破了坚不可摧的统万城；431年灭夏，平山胡，西逐吐谷浑；436年灭北燕，439年灭北凉，使北方长期的分裂割据局面复归于统一，南北朝对峙局面正式形成。

南北朝骑兵

东晋骑兵

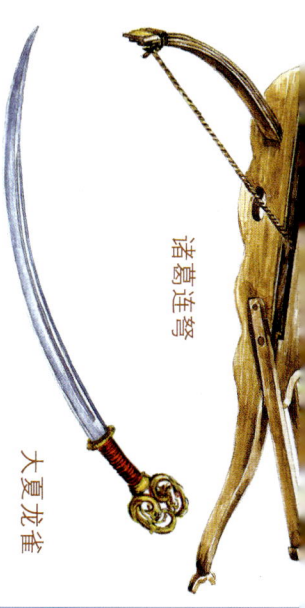

诸葛连弩

大夏龙雀

襄阳炮　迅雷铳　佛朗机　奇枪

朝代	时间	战争	简介
明			入南京，建文帝下落不明，史称靖难之役。
明	1449	土木堡之变	1449年，蒙古族分裂后，其中一部瓦剌举兵犯明，明英宗亲率几十万大举抵御。结果，明军在土木堡遭遇大败，明英宗被俘。
明	1449	北京保卫战	瓦剌大军在土木堡获得胜利后，直指北京。拥有优势火器的明军在于谦指挥下，赢得北京保卫战的胜利。
明	1592—1598	抗倭援朝战争	16世纪末，丰臣秀吉统一日本后，发动侵朝战争。明朝应朝鲜之邀大规模出兵，援助朝鲜抗击日本侵略。历经战与和的反复，明军异常艰苦地赢得了这场战争的胜利。
明	1619	萨尔浒之战	明朝与后金政权在辽东地区进行的一场具有决定意义的战略会战。后金取胜后，掌握了辽东战场的主动权。
明	1644	山海关之战	1644年，李自成领导的农民军攻入北京，明亡。之后，李自成进攻山海关，明总兵吴三桂引清军入关击败李自成。
清	1661—1662	郑成功收复台湾	清初，在沿海抗清的明朝日将郑成功以武力收复了台湾，结束了荷兰人在宝岛长达38年的殖民统治。
清	1673—1681	平定三藩之乱	清康熙年间，平西王吴三桂、平南王尚可喜、靖南王耿精忠发动叛乱，清廷经过几年作战将其平灭。
清	1685—1687	雅克萨之战	17世纪，沙俄侵略中国东北领土，清军向侵入的沙俄军队发动反击，收复失地雅克萨。此战清军大量使用了红衣大炮等火器，并取得胜利。

读图时代

国粹图典 兵器

伯 仲 编著

中国画报出版社·北京

图书在版编目（ＣＩＰ）数据

兵器 / 伯仲编著. -- 北京：中国画报出版社，2016.9
（国粹图典）
ISBN 978-7-5146-1358-2

Ⅰ．①兵… Ⅱ．①伯… Ⅲ．①兵器(考古)－中国－图集 Ⅳ．①K875.82

中国版本图书馆CIP数据核字(2016)第224511号

国粹图典：兵器

伯仲　编著

出 版 人：于九涛
责任编辑：郭翠青
助理编辑：魏姗姗
责任印制：焦　洋
出版发行：中国画报出版社
　　　　　（中国北京市海淀区车公庄西路33号　邮编：100048）
开　本：16开（787mm×1092mm）
印　张：12
字　数：170千字
版　次：2016年9月第1版　　2016年9月第1次印刷
印　刷：北京博海升彩色印刷有限公司
定　价：35.00元

总编室兼传真：010-88417359　　版权部：010-88417359
发行部：010-68469781　　010-68414683（传真）

前言

"国之大事，在祀与戎"，中国自古就十分重视与战争息息相关的兵器生产与开发。中国的传统兵器更是集历代文化、历史、科技、艺术、技艺于一身，打上了深深的民族烙印。

中国传统兵器的发展经过了漫长的历史过程，其萌芽可以追溯到原始社会。当时人类将自然界中的石块、竹木、骨角等，经砍削、打磨、烘烤，制成弓、箭、刀、矛、棍等工具。进入阶级社会以后，随着部落战争的出现，很多生产工具演变为兵器，兵器制造技术不断提高，生产规模日益扩大。

商周时期，青铜是人们所掌握的重要材料。由于作战以兵车为主，钩、啄类兵器流行。在铜兵器发展的同时，战车、战船、弓箭、皮甲、橹盾、云梯也都融入先进的工艺技术。春秋战国至宋代，兵器发展进入铁器时代。骑兵成为作战的重要兵种，矛戟一类冲刺兵器流行，刀斧等劈砍兵器也开始增多。此时，弓弩射程提高，造船技术趋于成熟，远程抛石机等武器出现。宋代开始，火药越来越多地用于战争，先后出现了燃烧、爆炸、管状三大类火器，至此，中国兵器发展进入到了火器与铁器并用的时代，一直延续到清末。

本书通过回顾中国传统兵器的种类及其发展过程，对传统兵器中常见的基本形态以及其所体现的古代科学技术加以介绍，其中配有大量图片进行解说，以帮助读者更加直观、具体地了解中国传统兵器的各个方面。

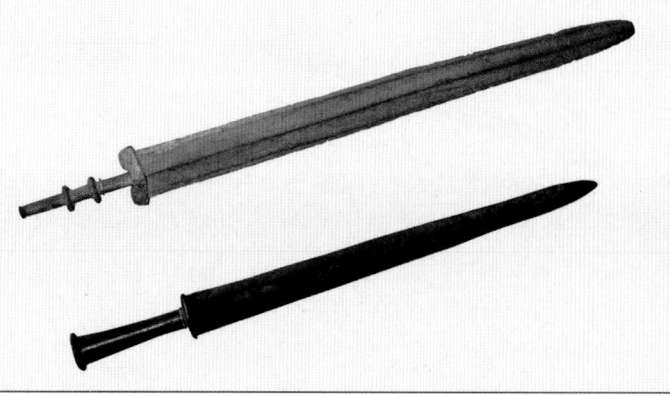

目录

国粹图典

兵器

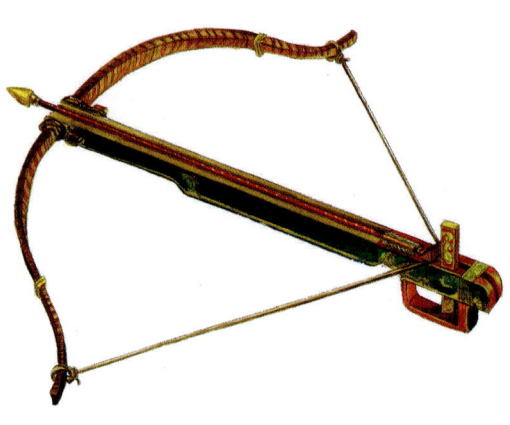

一 **投射武器** ……………… 1
 弓 ……………………… 2
 弩 ……………………… 12
 箭 ……………………… 20
 飞石索 ………………… 23
 标枪 …………………… 24

二 **长兵器** ………………… 25
 矛 ……………………… 26
 枪 ……………………… 30
 戈 ……………………… 31
 戟 ……………………… 33
 殳 ……………………… 35
 长棍 …………………… 36
 大刀 …………………… 38
 狼牙棒 ………………… 40
 铲 ……………………… 41
 钩镰枪 ………………… 42

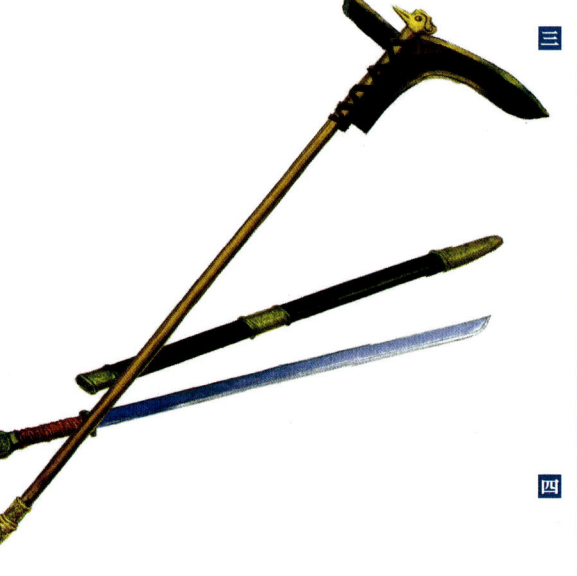

 长斧 …………………… 43
 叉 ……………………… 50
 锐 ……………………… 51
 钯 ……………………… 52
 铍 ……………………… 52
 槊 ……………………… 53
 铩 ……………………… 54
 长锤 …………………… 55
 狼筅 …………………… 56

三 **短兵器** ………………… 59
 剑 ……………………… 60
 刀 ……………………… 71
 短鞭 …………………… 74
 锏 ……………………… 75
 短斧 …………………… 76
 短锤 …………………… 76
 钩 ……………………… 78
 拐 ……………………… 79
 扇 ……………………… 80

四 **软兵器与暗器** ………… 81
 节棍 …………………… 82
 软鞭 …………………… 83

袖箭 ·· 84
　　匕首 ·· 85
　　镖 ·· 86
　　流星锤 ·· 87
　　飞爪 ·· 88

五　火药与火器 ·································· **89**
　　火药 ·· 90
　　燃烧类火器 ···································· 92
　　爆炸类火器 ···································· 98
　　管状类火器 ··································· 105

六　防护具 ···································· **117**
　　盾 ··· 118
　　铠甲 ··· 122
　　胄 ··· 125

七　战车与骑兵 ································ **133**
　　战车 ··· 134
　　骑兵 ··· 139

八　战船 ······································ **149**
　　楼船 ··· 150
　　艨艟 ··· 154
　　斗舰 ··· 155
　　走舸 ··· 155
　　游艇 ··· 156
　　海鹘 ··· 156
　　福船 ··· 157
　　广船 ··· 159
　　苍山船 ······································· 159
　　车轮舸 ······································· 160

九　进攻与防御武器 ···························· **161**
　　铁蒺藜 ······································· 162
　　陷马坑 ······································· 163
　　拒马 ··· 164
　　狼牙拍 ······································· 165

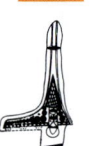

国粹图典 兵器

櫓具 …………………… 166
猛火油柜 ………………… 167
幔 ………………………… 168
塞门刀车 ………………… 169
地听 ……………………… 169
壕桥 ……………………… 171
望楼 ……………………… 172
撞车 ……………………… 172
巢车 ……………………… 173
辒辒车 …………………… 176
云梯 ……………………… 177
抛石机 …………………… 178

一

投射武器

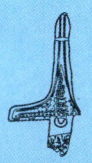

　　投射武器，因具有远距离攻击敌人的长处，在火器出现之前的年代，是军队中极为重要的武器。投射武器中最常见的是利用弓、弦来发射物体进行攻击的弓和弩。弓早在石器时代就已出现，此后在历代被广泛使用。中国北方各游牧民族更以弓骑见长，是其克敌制胜的重要手段。弩的出现也很早，战国时期经过不断的改造，以精准、有力等特性成为冷兵器中的"远射之王"。投射武器中还有一些依靠人力投射的，但除标枪、飞石索外，大多属于暗器类。

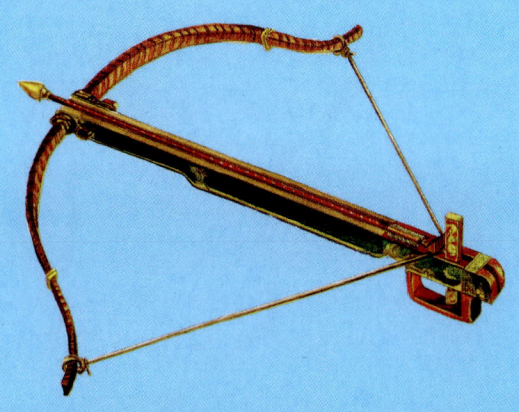

弓

弓是一种古老的弹射武器，主要由弓臂与弓弦两个部分构成，通过使拉弦张弓过程中所积聚的力量在瞬间释放，从而把弓弦上的箭或弹丸射出。

我国早在原始社会便有弓的使用。原始的弓箭比较粗糙，用折弯的树枝作弓，用皮条、植物纤维或绳索绷紧作弦，用石或骨作箭。当时的弓箭主要用于射杀鸟、鱼等小动物，或对虎豹等凶猛动物实施远距离的攻击。

青铜时代，弓箭已成为狩猎和战争的重要武器。在春秋战国时期，弓箭被列为兵器之首，贵族将门之子从小就学习射箭。

汉魏时期的弓箭更加利于实战，有用于步战、水战、骑战的各种弓箭。此时，人们最推崇的射技是挽弓强劲、左右驰射之人。《后汉书》载，东汉末年的董卓"膂力过人"，佩用两张弓，左右手皆能开弓，可于马匹急驰中左右连发，为羌胡所畏。

唐代弓分为长弓、角弓、稍弓和格弓四种。长弓用作步战，角弓用于骑战，稍弓和格弓是狩猎用弓和皇朝禁卫军用弓。

古人眼里，射技既是一门战术又是一门艺术。古代典籍里，不少文人重笔泼墨描写了生动逼真的弓箭战斗场面。"两军相遇，弓弩在先"，无论是攻守城镇，还是伏击战、阵地战都可以弓箭为利器，"先下手为强"。自火器问世之后，弓箭仍以它轻巧灵便、射中率高之长继续服役军中，一直沿用到清朝末年。

"弓"字

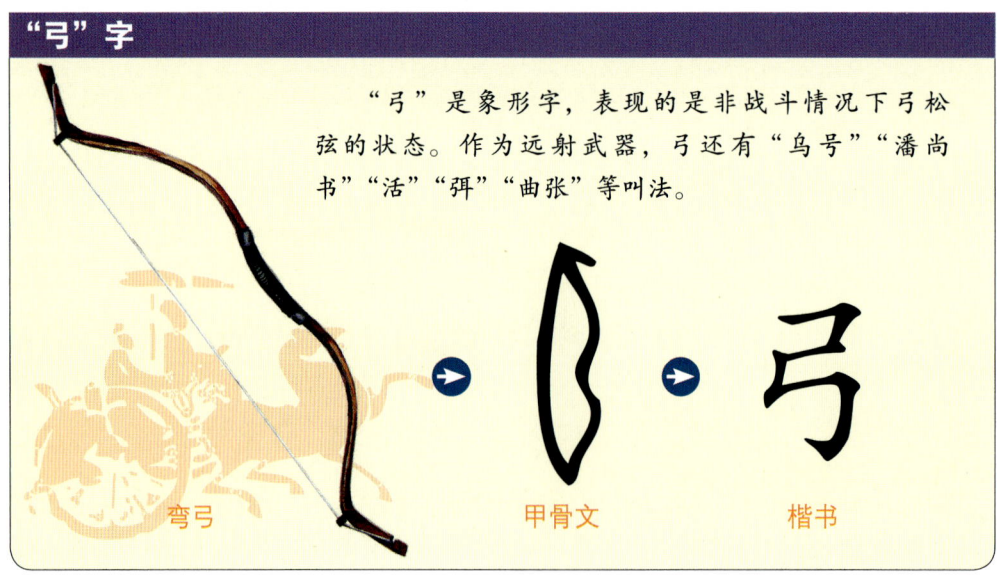

"弓"是象形字，表现的是非战斗情况下弓松弦的状态。作为远射武器，弓还有"乌号""潘尚书""活""弭""曲张"等叫法。

弯弓　　甲骨文　　楷书

中国古代的射箭方法

中国古代弓的弓体较短,但弹性好,弦可以拉得很长。弓张满时,手指勾拉处的弓弦形成锐角,故适于用单个拇指勾弦。以拇指勾弦,并在拇指上套戴护指的拇指环,拉弦时用食指和中指压住拇指,箭杆置于弓弣右侧。

古时称拇指环为"韘"或"抉",后世多俗称为"扳指"。其最早见于商代,流行于战国至西汉,清代尚弓马骑射,亦十分盛行;后来,原先的功用逐渐弱化,演变为一种装饰品。历史上韘的材质有象牙、皮革等,但以翡翠制为贵。

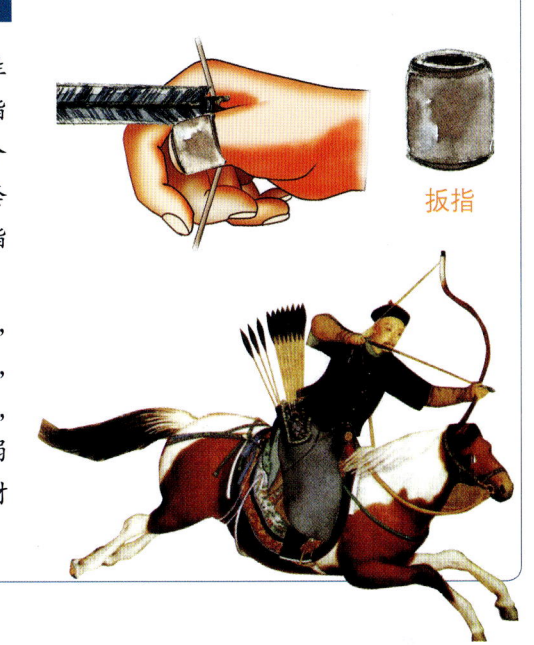

扳指

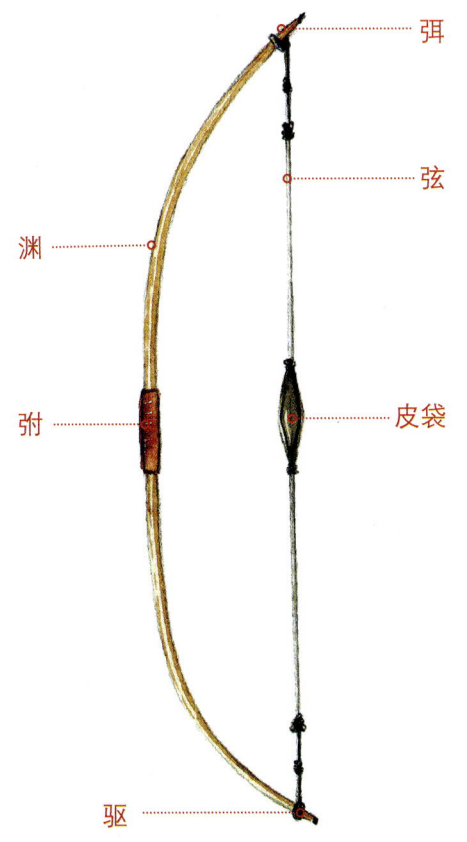

弹弓

属于弓类的弹弓比一般发射箭的弓小,弦上有一个弹射弹丸用的皮袋。弹弓发射的弹丸为球形,有泥丸、石丸、铁丸、瓷丸等不同材质

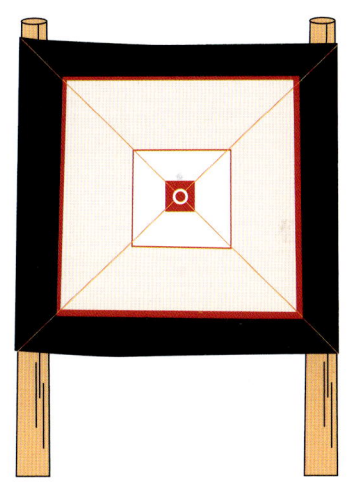

周代箭靶

周代射箭用的靶多为方形,用木做成框架,张上布或皮。靶又分为几个部分。最靠外的部分称为"侯";其内是"鹄",又称为"正",宽度是"侯"的1/3;中心部位称"垫""的""招",是靶正中的一个小圆圈,射中这个部位,难度最大。成语"有的放矢"本意就是射中靶心

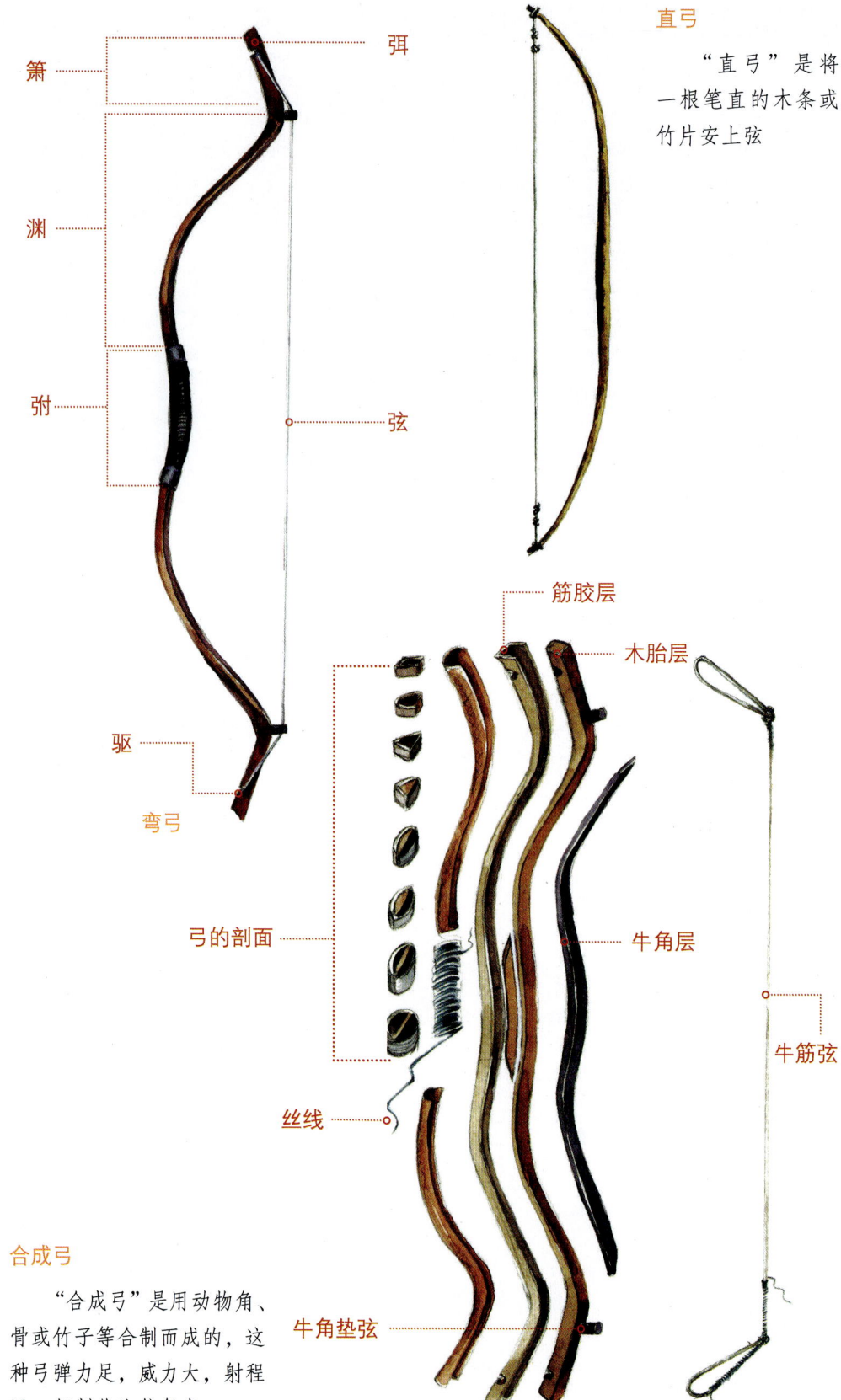

直弓

"直弓"是将一根笔直的木条或竹片安上弦

合成弓

"合成弓"是用动物角、骨或竹子等合制而成的,这种弓弹力足,威力大,射程远,但制作比较复杂

弓的制作

弓箭作为战争重要的远射兵器，选材、制作都有严格的规程。古代制弓还十分讲究取材的季节和加工制作时的气候，所以制造一张良弓往往需要花费工匠几年的工夫。

弓的反弹力是靠制作材料取得的，故多用竹或韧性好的木料，加上角、筋、胶、漆制成。

弓做好后，再经过十天到两个月时间的充分干燥。干燥后的弓用秤砣等物进行测定，以界定是否达到了预期的弓力。由于弓材料的关系，在干燥的秋冬季，弓力增强；而在湿度高的春夏季，弓力则会变弱，这也是北方游牧民族多半在秋季进行战争的一个重要原因。

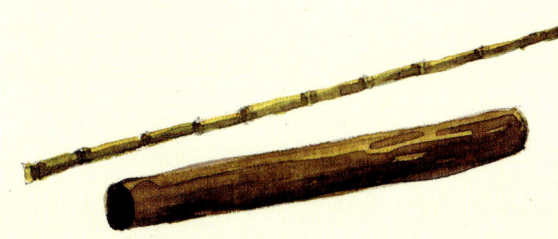

① 取竹木料

取料时，不能用春季或夏季采伐的竹或木，以免因虫蛀影响质量。在没有竹子的北方以木为材

② 角

一张弓一般要用两只牛角

③ 筋

牛筋干燥后浸水，最后做成线绳状

④ 胶

用鱼鳔、猪皮等材料熬成，经过充分干燥，保证没有水分

⑤ 制作弓弦

⑥ 用木锉打磨

⑦ 加工后的弓身（干）

⑧ 把胶涂到牛角片上

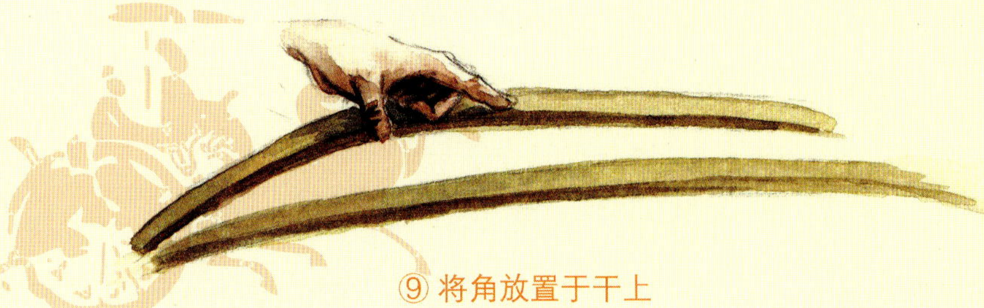

⑨ 将角放置于干上

⑩ 用胶将角与干接合

⑪ 将角与干缠结实

⑫ 用胶将筋粘合在干上

⑬ 反扳弓身，用力下按

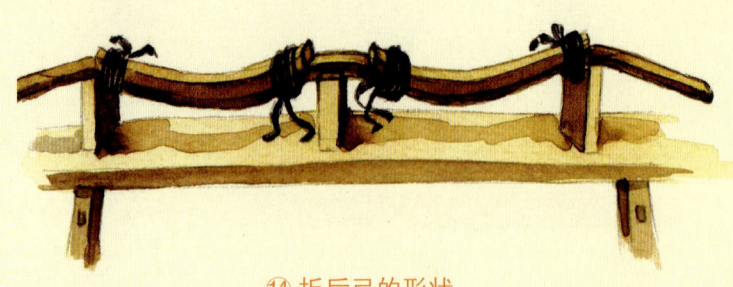

⑭ 扳后弓的形状

⑮ 再扳过来成最后弓的形状

弭
用桑树枝干做成，镶嵌在干的末端，用钉加以固定，以免受外力脱落或损坏

漆
涂刷在渊的外表面，增加了各部件黏接的强度，也可防止雨水的浸蚀

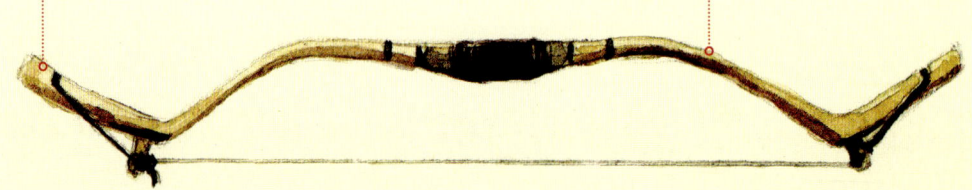

⑯ 安装弓弦

　　北方游牧民族以牛筋作弓弦，不受水的影响。中原多使用绢丝，因怕水表面涂有蜡。在弦两端有环，用以和弭相连。在干的中央部位卷缠有桦树皮，便于手握

射礼

中国古人重视弓箭的射艺。春秋战国时期，射艺是公卿大夫必须通晓的"六艺"之一，在国君会盟、宴会上被视为一种礼仪。汉代很多地方设有专门的机构教授射艺。西汉还规定每年秋季，对边塞军士进行射箭考核，以考核成绩决定奖惩。这种考试被称为"秋射"。

东汉画像砖《弋射收获图》（局部）

上弦前　　**上弦后**

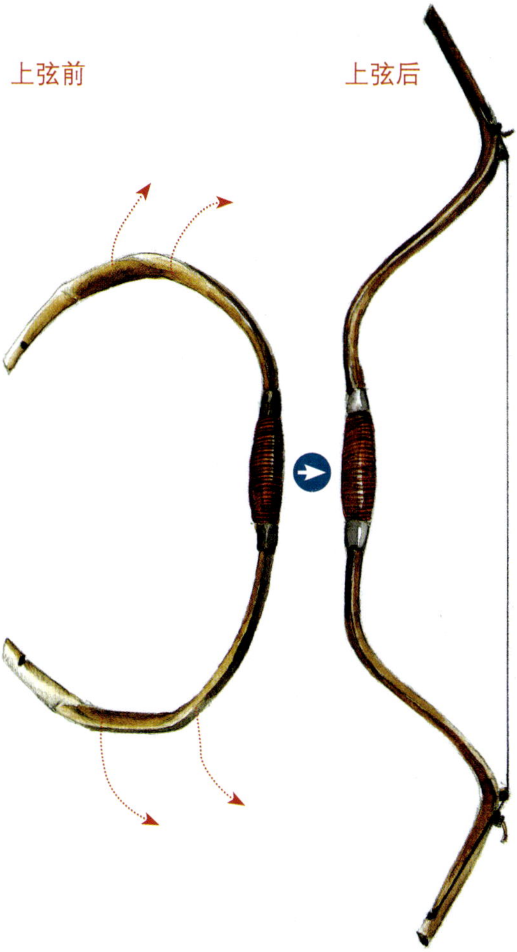

箭箙
用竹、木或兽皮做成的盛箭的器具。唐代的箭箙多呈长袋状，其制为后代所沿袭

弓

反曲弓
因弓拉满后，弓梢和拉弓方向相反，故称反曲弓

弓囊
盛弓的器具

神射手

和弩比较，弓需要射手有臂力、良好的技术及训练。尤其骑在颠簸的马背上拉弓射箭，要击中目标，没有高超的射术是不行的。在中国历史上，神射高手辈出。

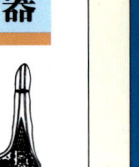

	养由基	
历史上的神射手	战国时楚国人，精通射技，被人们称为"神箭养叔。"《战国策》记载：养由基曾百步之外依次射掉三片杨柳叶，百步穿杨的典故便出于此。 晋楚鄢陵之战中，楚共王左眼被晋将魏锜射中。共王给养由基两支箭，命他复仇。养由基一箭射死魏锜，拿着剩下的一支箭向共王复命。因此，他又被称为"养一箭"。	
	黄忠	
古典小说中的神射手	在《三国演义》中，黄忠为蜀国五虎上将之一，虽年逾花甲，但弓箭射术仍是天下无双。 黄忠为韩玄部将时，与前来取长沙的关羽连战三日，不分胜负。后黄忠马失前蹄，关羽没杀他，黄忠感动于关羽的义气。第二日，韩玄命他用弓箭射杀关羽时，他不忍用弓箭相伤，仅射中关羽盔缨，显示出高超的箭术。	
	辕门射戟	
古典小说中精彩的射箭场景	在《三国演义》中，袁术与刘备交战，吕布怕刘备被灭后自己唇亡齿寒，便将袁术大将纪灵与刘备邀至他的营中谈判。最后约定若吕布能射中一百五十步外辕门所立的方天画戟，双方罢兵。结果吕布一箭正中画戟小枝。后人有诗赞之曰： 　　温侯神射世间稀，曾向辕门独解危。 　　落日果然欺后羿，号猿直欲胜由基。 　　虎筋弦响弓开处，雕羽翎飞箭到时。 　　豹子尾摇穿画戟，雄兵十万脱征衣。	

李广	薛仁贵
汉代名将,以射箭绝技威震边关。《史记》中还有对李广射术更精彩的描述:"广出猎,见草中石,以为虎而射之,中石没镞。视之,石也。"李广以箭透石,众人皆传李广具有神力。	唐初大将,贞观年间征高丽时,持戟着白衣,腰间两弓,极为醒目,独闯敌军,"所射皆应弦仆",有白衣神箭之称。 661年,新继位的回纥首领比粟毒与唐为敌,薛仁贵率兵赶赴天山。比粟毒拥众十余万相拒,并令骁勇骑士数十人前来挑战。薛仁贵"发三矢,辄杀三人,于是虏气慑,皆降。"军中遂有歌谣:"将军三箭定天山,壮士长歌入汉关。"
王伯当	花荣
《隋唐演义》中的王伯当在瓦岗寨排行第六,以善射出名,外号"勇三郎"。 众好汉大反山东时,王伯当每箭必中,将济南知府孟洪公及众将官一一射死。此后,隋唐第九条好汉魏文通也死于王伯当箭下。	《水浒传》中的花荣能开硬弓,射得一手好箭,江湖上人送外号"小李广"。他以神武的箭术折服众好汉,在梁山泊英雄中排行第九,马军八虎骑兼先锋使第一员。 清风寨,花荣以弓箭射退敌兵;祝家庄,花荣射落祝家庄的指挥灯,使祝家庄兵马自乱。
铜雀台比箭	秦琼射鹰
在《三国演义》中,曹操在铜雀台观武官比试弓箭,将一件锦袍挂于垂杨枝上,下设一箭垛,将武官分为曹氏宗族与外姓猛将两队,各带雕弓长箭,有能射中箭垛红心者,赐予锦袍。曹休、文聘、曹洪、张郃各发一箭,都中红心,四箭攒在红心里。夏侯渊技艺犹精,竟一箭射在四箭当中。徐晃更是别出心裁,直向柳条射去,射断柳条,取了锦袍。	在《隋唐演义》中,秦琼在北平王的校场,见众将射百步外的枪杆皆中,不曾有一矢落地,便对北平王夸口说:"诸将射枪杆是死物,不足为奇。"并要射天边不停翅的飞鹰。鹰有滚豆之睛,飞于霄汉之上,山坡下草中豆滚也能看见,很难射中。秦琼发箭射鹰时,鹰已知觉,一个翻身把秦琼的箭裹在翎下,未伤性命。多亏罗成暗中帮忙,补射一箭,成就了秦琼神射之名。

弩

弩是装有托柄和"延时结构"的弓。《吴越春秋》载："弩生于弓。"弩和弓的发射原理是相同的，都是利用张弓储存能量，然后释放出来，把矢射向前方。不同的是，张弓时，弓是竖着的，弩弓则是横姿；弓完全凭单人臂力拉弓，弩则可以通过一套机械装置，先把弦扣住，再从容瞄准，伺机发射，不仅可以发射重型弩箭，增大射程，命中率也大大提高。

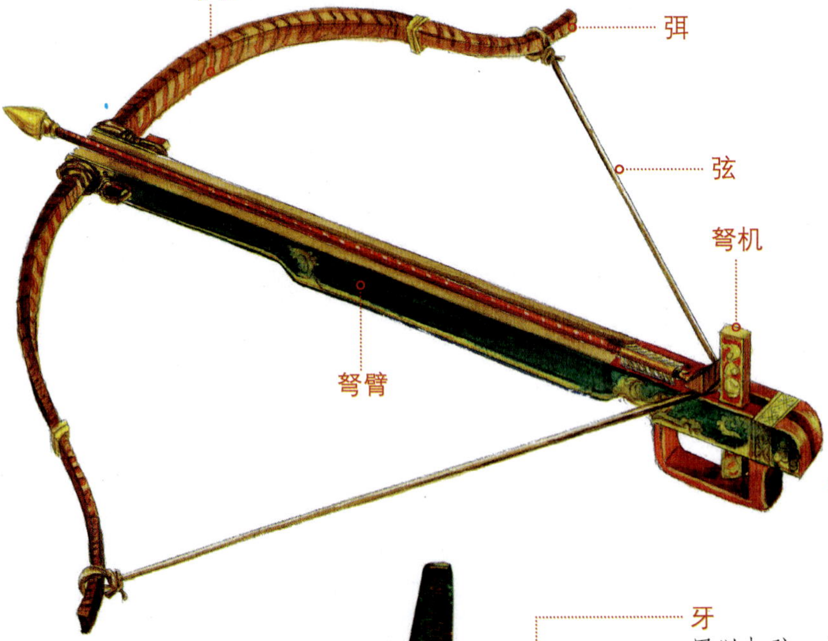

图国典粹

兵器

弩弓　　弭　　弦　　弩机　　弩臂　　秦弩

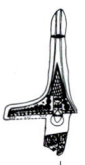

望山

悬刀
即扳机

弩机

牙
用以扣弦，前有二齿，左右对称，一个齿的后部连铸凸起的望山。牙为操纵弩机提供了一个触柄，望山又是瞄准的设备

牛
中间的杠杆，又被称为钩心，其弧形缺口合于两牙之间，下尖头可以卡入悬刀上部的凹坎

12

弩的发射原理

使用时，手拉弓弦，当张满之际，弓弦碰触望山，牙即上升，牛随之被带起，其下尖头卡入悬刀的凹坎，弩机便处于闭锁状态。这样，牙的两齿就能够扣住张开的弓弦，然后将箭置于弩臂上的矢道内，使箭尾顶在两齿之间的弦上。

发射时，往后扳动悬刀，牛的下尖头脱离悬刀凹坎，牙失去支撑，便在弓弦巨大的拉力作用下滚转，其两齿缩入臂槽，箭即随弦的回弹射出。

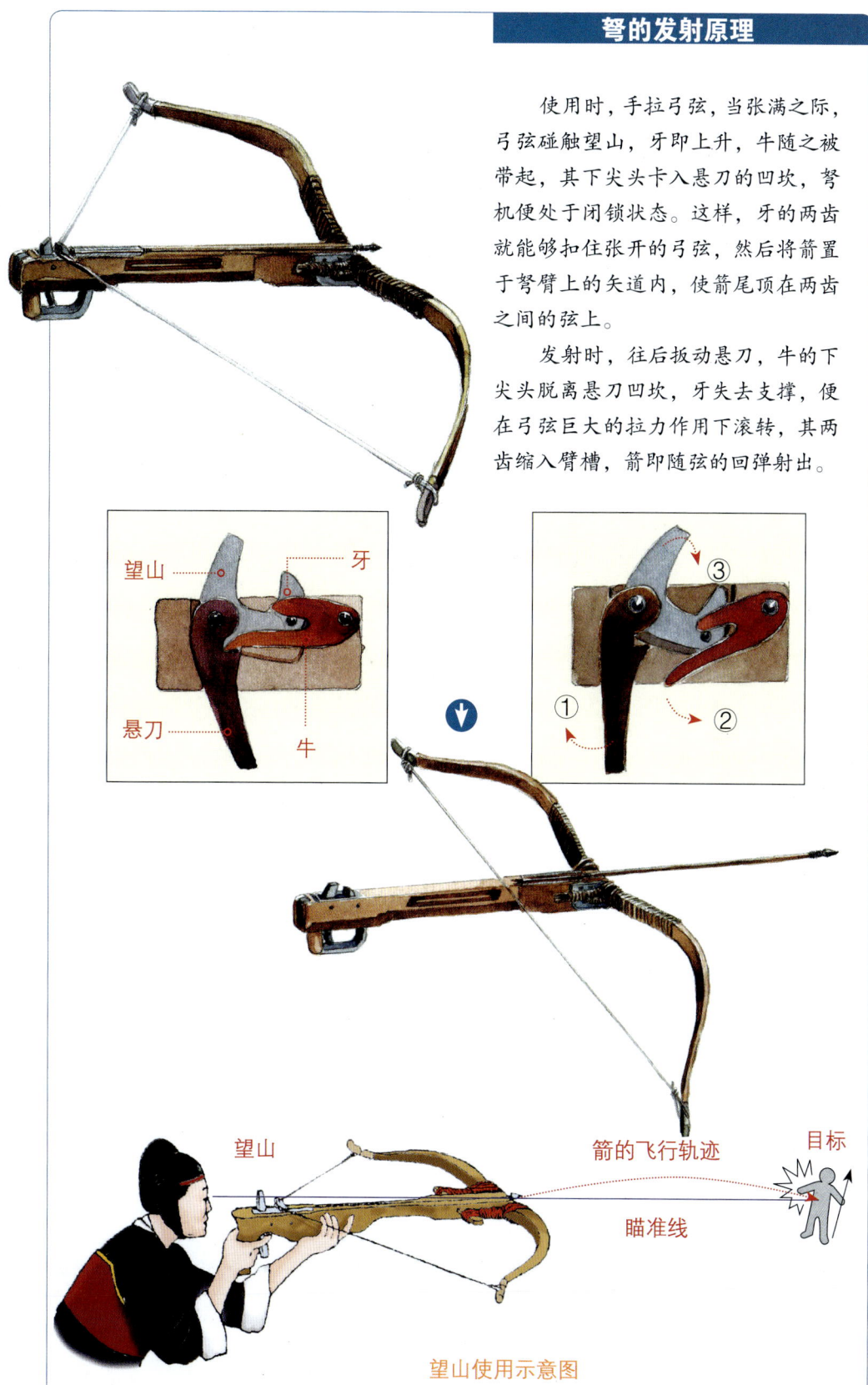

望山使用示意图

马陵之战

战国初期，魏国称霸，常与各诸侯国交战。公元前341年，在魏国与齐国的大战中，魏军统帅庞涓中了齐国军师孙膑减灶、撤兵之计，以轻车锐骑贸然追击齐军。一夜，庞涓追至马陵山丘地区，一棵巨树横在路当中。庞涓执火来到树下，只见"庞涓死于此树之下"八个大字。紧接着，埋伏在附近的齐军万弩俱发，顿时箭如雨下，魏军大败，庞涓自刎，魏国从此衰落。弩在此次战役中充分显示了其野战伏击的作用

《武备志》中弩的使用

弩虽然较弓在威力、准确性上有很大提高，但体形笨重，拉弓较为费劲，有时需要膝、腰、脚或机械的辅助才能完成。由于准备工作需时较长，在战场上，弩兵排列成上弩、进弩、发射三队，依次发射，编队较为复杂，需要长时间的训练才能形成杀伤力。故历史上弓与弩长期并存。火器发明之后，弩很快被其取代。

搭弓图

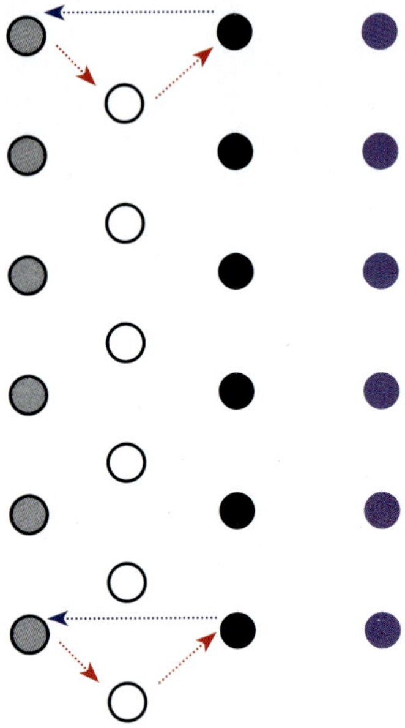

膝上上弩图

上腰开弩图 　　上弩（开弓搭箭）　　进弩（传递）　　发弩（射击）

弩兵的排列图　　敌人

连弩

连弩是装有连射装置的弩，它的弩臂上有一箭匣，可装许多支箭，用手拉弦发射。使用时，只要连续扳动铁锲，箭就可不断射出。汉朝李陵与匈奴作战时就曾用过连弩。三国时，诸葛亮改制后的连弩可连发十箭，大量装备于蜀国军队

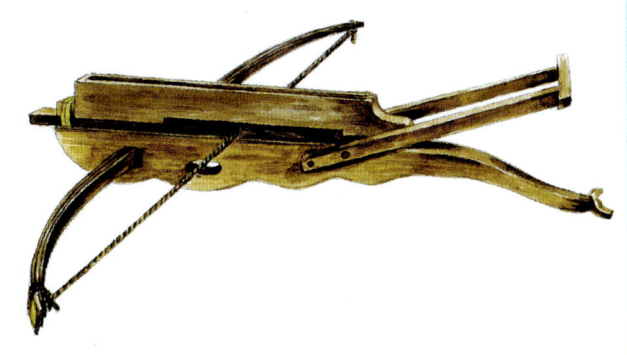

诸葛连弩发射原理

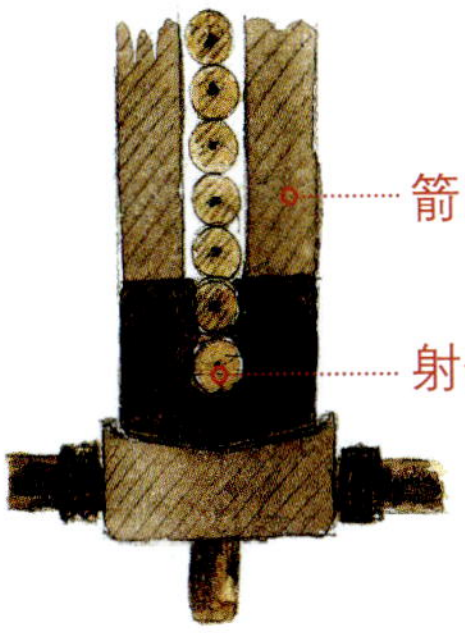

箭匣
射击孔

前端剖面

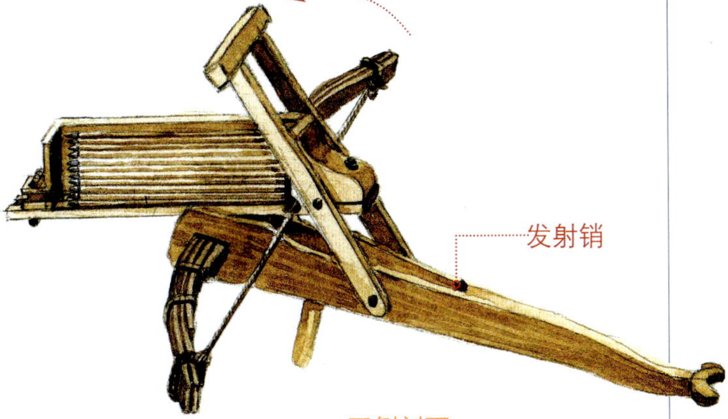

发射销

正侧剖面

拉竿
弦
弩身

后端剖面

① 向箭匣放入箭，用拉竿扣弦

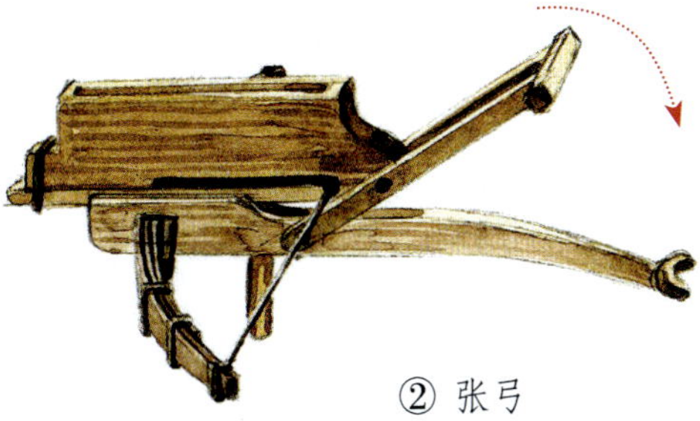

② 张弓

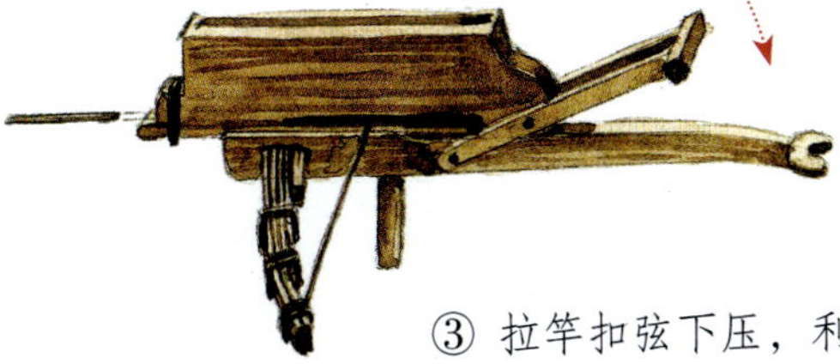

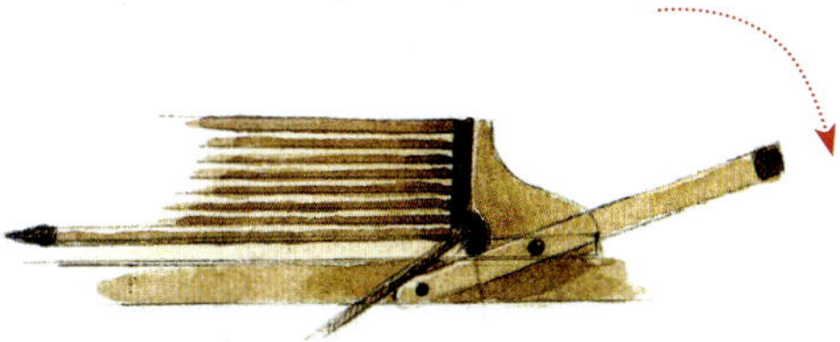

③ 拉竿扣弦下压，利用箭匣下压的力量压迫发射销，顶出弓弦达到发射目的

击发剖面

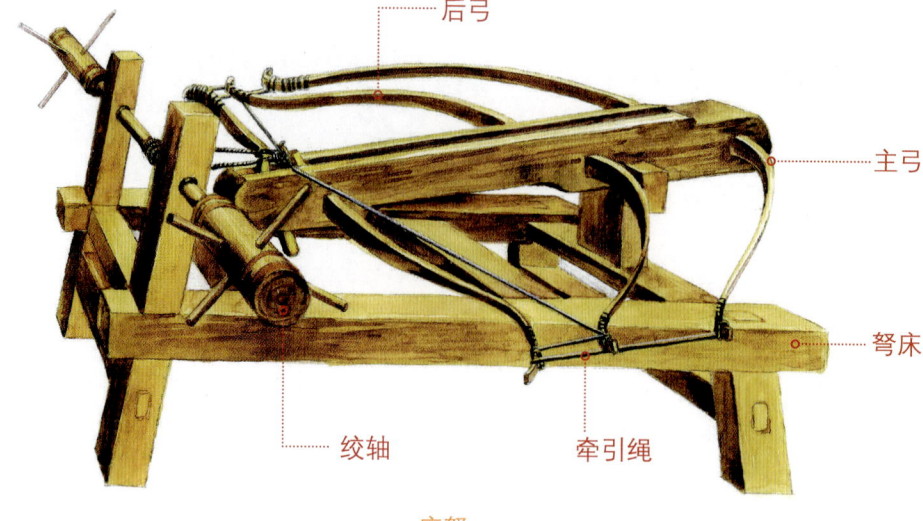

床弩

踏橛箭用于攻城战

床弩可射出"踏橛箭",成排地钉在夯土城墙上,攻城者可借以攀缘登城

宋代床弩守城图

　　床弩是中国古代一种威力较大的弩。其原理是将一张或几张弓安装在床架上，绞动其后部的轮轴张弓装箭待机发射。多弓床弩可用多人绞轴，用几张弓的合力发箭，其弹射力远远超过单人引弩，是中国古代弩类武器中射得最远的。

　　床弩在宋朝得到较大的发展。为了获得更大的反弹力，把二弓至四弓合并起来使用，射程远，可用来射击比较大的固定目标，在城市攻防战中，发挥了重要作用。但多为固定式，发箭间隔长

箭

箭是弓弩射杀敌人主要借助的利刃。古人称箭为"矢",箭头叫"镞"。箭矢起源于原始社会石器时代,用石片、骨或贝壳打制成尖利的形状安装于矢杆一端,即成有石镞、骨镞或贝镞的矢。中国迄今发现的最早的箭矢是1963年在山西朔县峙峪文化遗址中出土的薄燧石制成的石镞,其加工细致,镞尖锋利。

商周时期出现了大量青铜制作的箭镞,由于箭是一种消耗量很大的兵器,又采用翼和棱等复杂结构,不易用铁大量锻制,所以铜材使用了很长时间。

东汉晚期,出现了锋部为扁平三角形的铁镞,其形制既适合锻造,又有较强的杀伤力。此后,铁逐渐取代铜成为制箭的主要材料。

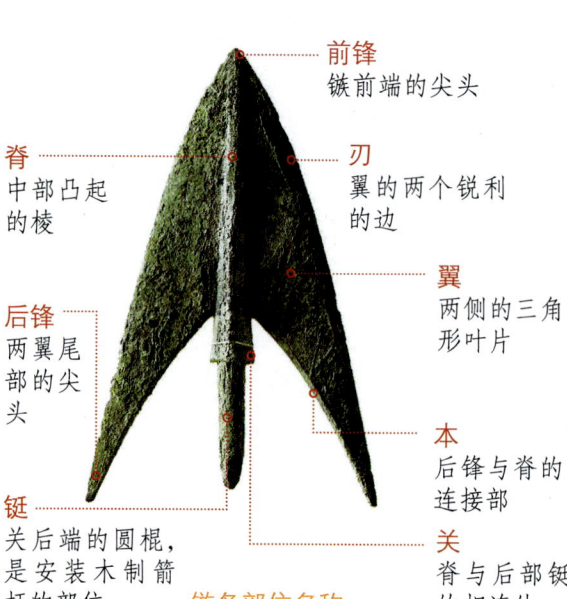

镞各部位名称

- **前锋** 镞前端的尖头
- **脊** 中部凸起的棱
- **刃** 翼的两个锐利的边
- **翼** 两侧的三角形叶片
- **本** 后锋与脊的连接部
- **后锋** 两翼尾部的尖头
- **铤** 关后端的圆棍,是安装木制箭杆的部位
- **关** 脊与后部铤的相连处

箭各部位名称

- **镞** 弓弩射发的箭头
- **杆** 用于撑弦承力,多为竹制,部分采用木制
- **羽** 箭在空中飞行会受空气的影响。为了保持飞行方向,在箭杆的尾部装上羽毛,使箭的形制趋于完善
- **栝** 箭末扣弦处

投射武器

秦代兵工厂

　　秦代兵器的制造已经引入标准化生产，不同产地的零部件可以组装在一起。这不仅使大规模的生产成为可能，也保证了所有士兵使用的都是当时最优秀的兵器。不论是在北方草原，还是在南方丛林的各个战场，秦军射向对手的所有箭头都具有同样的品质，无疑保证了部队的战斗力

镞的主要式样

薄匕式：类似匕首的锋部，镞中有脊，两侧分叶，外缘带刃，两刃向前聚成锋并向后形成倒刺，中脊向下伸出，形成连接前杆的铤。

三棱式：镞呈长条形，有三刃棱，上有尖锋，下出铤。有制作简便、镞体坚固、镞锋锐利、穿透力强等优点，并因镞体近似流线型，故箭飞行时阻力小，方向性好，保证了箭射出后的稳定性和准确性，又具有较强的杀伤性能。

圆锥式：镞头短而体轻，上锐下圆，形似圆锥。

平头式：形如圆柱，镞头平而无锋，仅可撞击不可射杀，为习射时使用。

商代长脊宽翼铜镞

各式镞示意图

赤壁之战

在东汉末年奠定三分天下的赤壁之战中,孙刘联军通过弓弩和火攻击败了强大的曹操大军

飞石索

飞石索又称投石带,是一种以石弹丸为主要抛射物的小型抛射武器,是人类使用的最古老的远射器具。用飞石索抛射的石球曾在旧石器时代和新石器时代的遗址中大量发现。飞石索有两种主要类型:单股飞石索和双股飞石索。前者仅以索绳系住石头,后者以囊盛石头,且在绳索的一端有一个环,释放时套在手上。

单股飞石索　　双股飞石索

标枪

兵器

标枪是一种狩猎的劳动工具和作战的远射兵器。标枪形似无羽之箭，大都体质轻小而顶端尖锐。标枪除了以石、金属等坚硬之物做枪外，还有直接以竹木削尖做成的，其射程远，射力猛，有时敷毒于枪尖。

先秦时，双方激战往往先发矢远射，继以标枪互掷，然后冲锋陷阵，短兵相接。所以标枪是弓弩的重要补充。这种铁柄短矛近战中可以刺，亦可投击。这些短矛的灵活运用，丰富和发展了标枪的使用技法。

元代蒙古骑兵善用标枪，风格独特而技艺尤精。他们使用的标枪既可两头刺敌，又能投掷杀敌，在战场上发挥了巨大的作用。明代军队中使用的标枪枪杆以稠木或细竹制成，前粗后细，铁锋重大，因重心在前，准而有力。

清代军中使用的标枪形式多样，多以木竹为柄，上加铁镞，略如明制。还有一种标枪，枪杆较短。纯铁打造的标枪更短，技艺精熟者可于50步内投中敌人。清代绿营装备有手镖、犁头镖、铁斗镖等标枪，形制较明代为短，多为水师所用。

标枪

宋代以后，标枪被列为军中的常规作战兵器。宋代的标枪又称"梭枪"，长数尺，步战时与盾牌手协同作战。标枪也为骑战者所用，称为"飞枪"。

手持标枪的元代士兵

二 长兵器

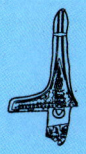

　　长兵器是相对于短兵器而言的长柄兵器,其柄没有严格的尺寸标准,一般柄长接近或等于成人身高。长兵器的攻击部位集中在柄的一端,常见的有矛、戈、戟、枪、大刀等,可刺可劈。和短兵器相比,长兵器具有率先触敌等优点。但由于枪柄过长,也会对灵活性产生影响。

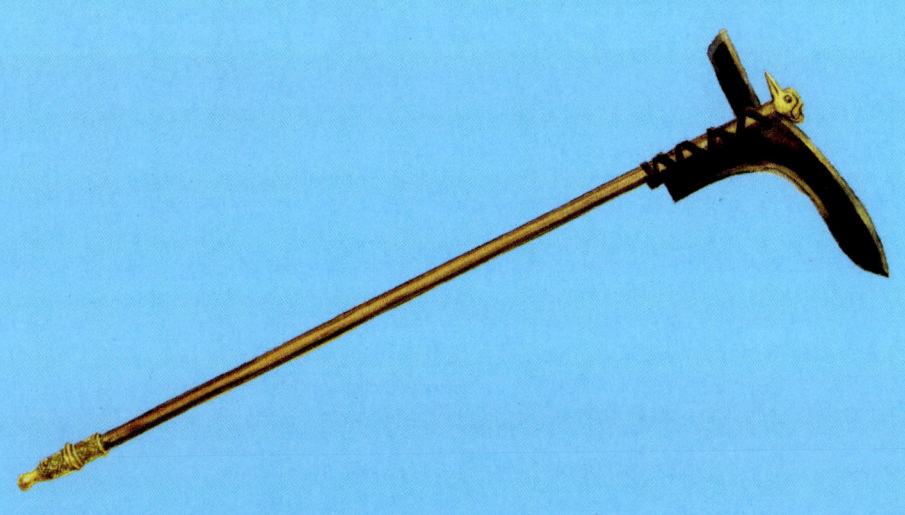

矛

国粹典图 兵器

矛是一种用于直刺和扎挑的长柄兵器，是古代军队中大量装备和使用时间最长的冷兵器之一。

早在原始社会便出现了矛的雏形。当时的人类将狩猎用的木棒一端削尖，或将尖状的石块或骨角绑缚在竹木杆上，以增强杀伤力，但制作较为简易、粗糙。

商代出现了青铜制的矛头，矛的形制也固定下来。矛阔叶，呈亚腰形，或呈后宽前锐的等腰三角形，在数量上是仅次于戈而大量装备军队的兵器。

西周矛的形制由阔叶向窄叶发展，矛的刃部逐渐加长。铜矛由于受材质的影响，锋部圆钝，击刺时因要借用很大的推力才能洞穿盾甲杀伤敌人，所以矛头长且重。

战国时期出现了铁矛头，其材质坚硬，通过锐利的锋刃便可伤敌，由此铁矛逐渐取代铜矛，向着小巧、轻便的方向发展。随着矛数量的增多，战国时期矛柲（兵器的柄）的分类和制作也更为讲究。车骑部队使用的矛柲最长可达3米，便于远距离冲杀；步兵所用矛柲多在2米左右。此外还有一种短柄手矛，适合坑道作战。此时还出现了积竹柲，以质地坚硬的木棍为芯，外圈贴附竹片，再以优质藤条紧紧缠绕，然后用丝线细密地束缚藤条，最后髹漆。积竹柲坚韧而富有弹性，戈、戟等纵横两向作用力的长杆兵器也多采用此柲。

秦汉和三国时，矛取代戈成为运用最广的长柄兵器。至两晋、南北朝时，由于骑兵的发展，矛逐渐向枪这种冲击力更强的兵器演变过渡。

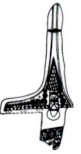

春秋时期士兵步兵方阵

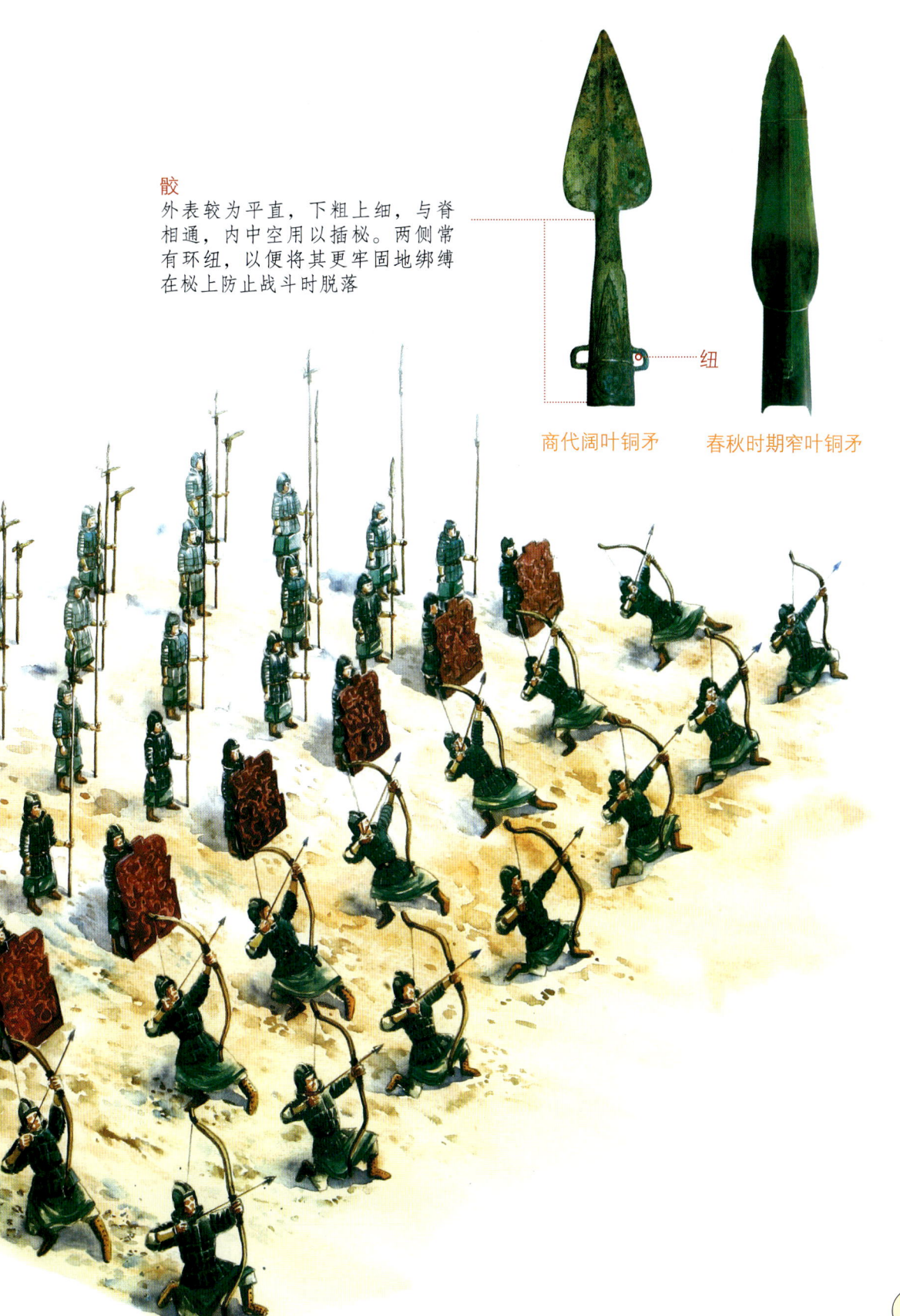

骹
外表较为平直，下粗上细，与脊相通，内中空用以插柲。两侧常有环纽，以便将其更牢固地绑缚在柲上防止战斗时脱落

纽

商代阔叶铜矛　　春秋时期窄叶铜矛

长兵器

国粹图典 兵器

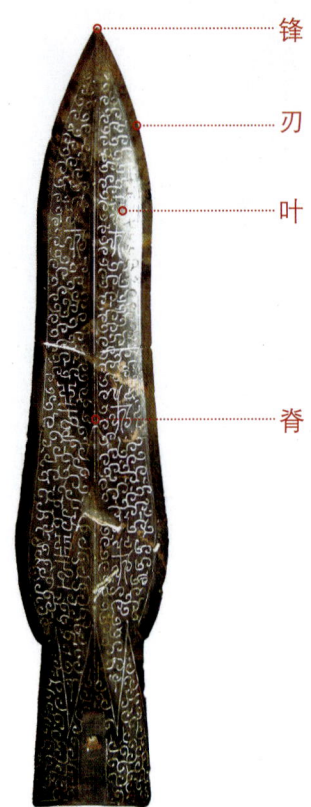

锋

刃

叶

脊

战国越王石矛

矛头
为矛的主要攻击部分，多以金属制作，前为锐利的尖峰，左右两侧扁平矛叶出刃，中间为脊，有的脊旁带血槽

柲（柄）
柲即矛柄，多为竹、木制成，取材要求坚实，且纹理较直，此外也有金属材料的矛柄。制成后的柄由底端向矛头方向渐细

镦

镦
镦是装于柲末端的部件，多以铜、铁制成，呈圆锥形，末端或尖锐或平整，使矛平稳立置

矛
两端呈尖状，由矛头、柲、镦三部分构成

蛇矛

蛇矛是矛的一种，两面有刃，因刃部扁平，弯曲如蛇形，故名。木柄，铁矛尖，矛尖采用弯曲的形状，是为了增加刺杀的深度，加大伤口愈合难度，而给敌人以致命伤害。《三国演义》中的张飞便使得一杆"丈八蛇矛"。

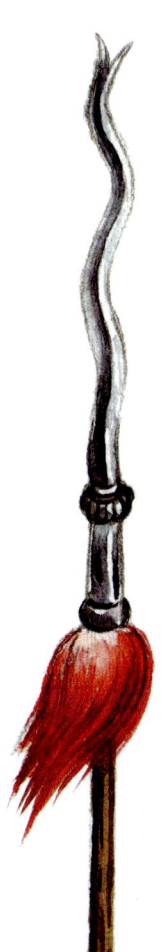

张飞画像

吴王夫差矛

春秋晚期，长江下游的吴国大力发展军事，鼓励武器的改良，使吴国从一个僻陋之邦一跃成为使中原诸侯慑服的强盛之国。1983年，在湖北江陵马山5号墓中出土的吴王夫差自用青铜矛便是当时吴国兵器中的杰作。此矛矛头为青铜铸造，全长29.5厘米，宽5.5厘米，矛身中线起脊，两面脊上均有血槽，血槽后端纹饰精细的兽首形鼻纽。骹口扁圆中空，呈凹字形。此矛铸造工艺极其精湛，不仅矛体满饰菱形几何暗纹，出土时尖峰与侧刃仍很锋利，堪称春秋同类兵器之最。

枪

图国典粹 兵器

矛发展到后期演变成新的形态，多以枪称之。枪的种类很多，式样繁多、用途各异的枪广泛用于步兵和骑兵。军中人人都必备一支枪，不仅用于战场，还可在渡河时扎缚木筏，野营时用来支撑营帐。

宋代军队兵器以枪为主，中央禁军、地方厢军都操练枪法。宋代军事著作《武经总要》记载，骑兵用的有双钩枪、单钩枪、环子枪；步兵用的有素木枪、锥枪等。此时还涌现出许多善于用枪的骁勇之将。抗辽名将杨业父子都是使枪能手，后世传其枪法为"杨家枪"。

枪可悬旗帜，作旗杆之用。元末朱元璋起兵时，身携长枪，枪涂黑漆，上悬黑缨、黑旗，"每遇大敌，辄率骁骑冲中坚，绕敌后"。部下见到朱元璋枪上的黑旗，"士争奋，敌辄大溃"。

明清时期，随着火器的运用，枪的作用有所削弱，但仍是军队中最为常用的长柄冷兵器。

枪头
也称枪尖。古时以铜、铁制。式样为单个菱形，脊高、刃薄、头尖

枪缨
枪头下的装饰物。枪缨用犀牛尾、牦牛尾、马尾等，现常用纱和丝，多为红色。其用途在于搏刺时枪缨抖动可以迷乱对方，并能挡血。平时演练时则可壮声势。
成吉思汗西征时，为记录功绩，割下敌人的毛发拴在长枪上，作为褒奖勇士的一种象征

枪杆
即枪身。枪杆多木制，愈向枪头愈细，直而不曲

枪

枪由枪头、枪缨、枪杆等组成

镈

戈

戈起源于石器时代，一般认为由镰刀类的工具演化而来。新石器时代晚期的石戈出现援和内分界的趋势。进入青铜时代，戈类兵器得到空前发展。

商代，青铜戈是车战中普遍使用的上乘兵器。因为在车战的近战中，具有钩、啄功能的戈比以直刺为主的矛类兵器具有更大的杀伤力，而且能充分利用战车的速度有效地攻击敌人。为了避免戈头在战斗中脱落，出现了銎内、曲内和直内三种不同方式的戈头。此后，直内戈的援和内之间增设了凸起的阑，使之更加牢固，而銎内和曲内的戈头逐渐被淘汰。

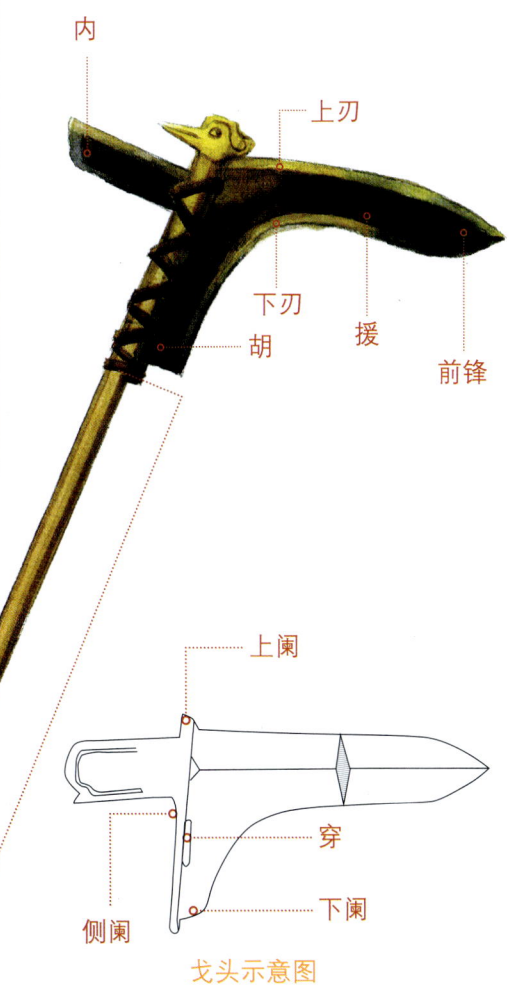

戈头示意图

西周时期的青铜戈，为了加强钩击的效能，使戈援上翘。春秋战国时期，由于征伐频繁，戈的下刃不仅锋利还带有突刺。作为先秦时代大量装备军队的武器，"干戈"成为后世军事行动的代名词。

汉代以后，随着战车的衰落，戈被铁戟取代，戈作为实战兵器已不在战场上使用，多作仪仗及明器用。

戈的形制

戈多为青铜制，安装有柄及镦。戈头由三部分组成：一为援，即平出之刃，用以钩啄敌人；二为胡，即援之直下部分，有孔，可用绳缚于柄上；三为内，即援后之短柄，中点也有孔，以绳贯于柄上。

銎内戈

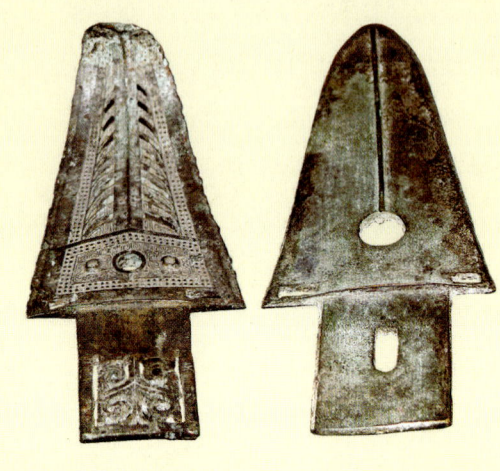

直内戈

长胡戈

戟

戟是由戈与矛演变而成的长柄兵器。历史上，戟有车戟、骑兵戟、步兵戟等不同用途，式样和长短虽各有不同，但都由锋、援、胡、内、穿五个部分组成。

商代早期出现了将矛和戈组合在一起的尝试。西周时期出现了刺、援、内、胡铸为一体的十字形戟。有以矛头为主、侧面出援，有以戈为主体、适当加宽阑和锋的两种形制。这些铸造工艺复杂的戟，戟头多质轻体薄，其战斗性能并不比单体矛、戈优异，故于西周末被淘汰。

春秋战国时期，戟的援由宽变窄，内由直变曲，援、胡间的夹角逐渐增大，提高了戟刃的钩杀作用，也使矛戈联装后的多种功能得到充分的发挥，遂作为步、骑兵手中的利器，逐渐流行起来。

汉代至三国时期，戟的使用已相当普遍。西晋及南北朝时期，戟依然是重要的格斗兵器，但随着重甲骑兵的发展，刺穿功能较弱的戟开始衰落。

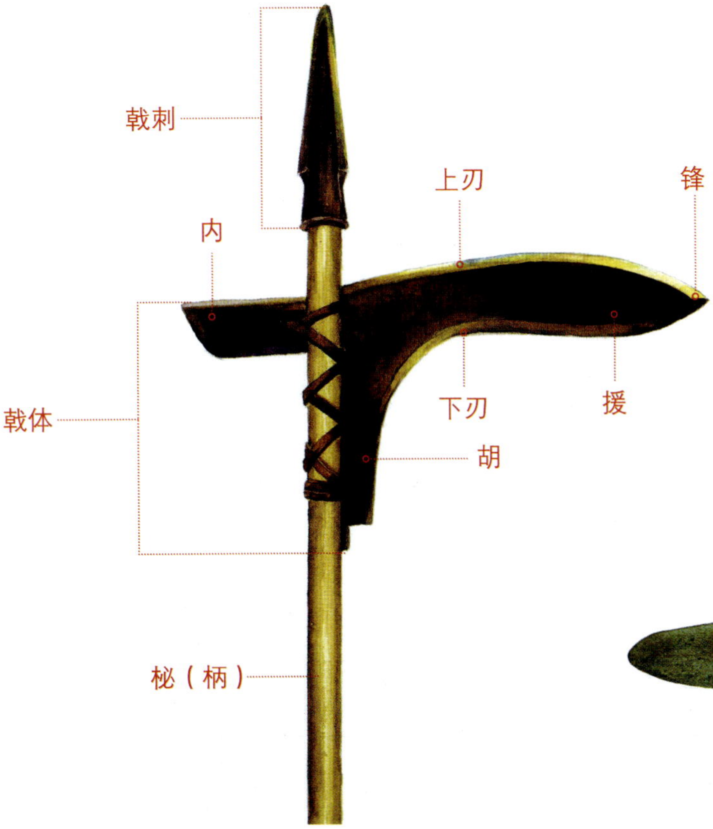

长兵器

分体戟 　　　　　　　　合铸戟

戟成卜字形

戟枝

铜䯂 穿柄,起加固作用

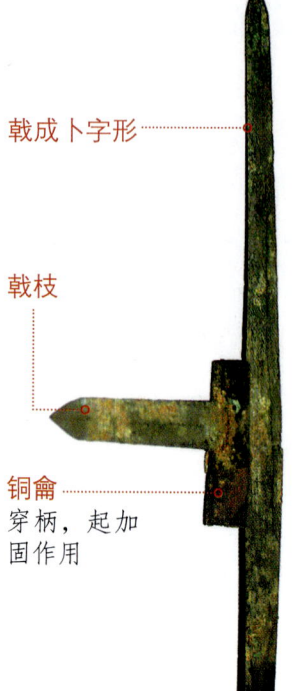

西周早期的戟　　　　　　　　东汉铜戟

方天戟

　　方天戟是在类似铁制枪尖的两侧带有称作"月牙"锋刃的长兵器。其中,带有两个对称月牙锋刃的叫作方天戟。前端的尖刃和枪一样用以刺杀,月牙锋刃则如同戟的"援",用作劈、砍之用,同时还起到防止刺得过深的作用

三英战吕布

　　《三国演义》中排名诸将第一的吕布所持方天画戟便是方天戟的一种。虎牢关前,吕布持戟独自面对十八路诸侯的挑战,杀掉武安国、穆顺、方悦后,迎战刘备、关羽、张飞三兄弟的联手挑战,最后全身而退。

河南朱仙镇关帝庙三英战吕布壁画

殳

殳是中国古代较早出现的一种长柄打击兵器。郑玄注《周礼·夏官·司右》中称殳与弓矢、矛、戈、戟组成"五兵"，插放在战车的车舆上，供甲士在作战中使用。历史上因缺乏实物证据，人们根据《考工记》的记载认为"殳无刃"。1978年，湖北战国曾侯乙墓出土了一批兵器，其中三件兵器刃部较长，上铸制篆书"曾侯之用殳"，从而说明殳有无刃与有刃两类。从出土实物来看，有的刃殳通体长达3米，非常适宜春秋战国时期的车战使用。汉代以后，随着战车的消逝，殳逐渐演变成棍、棒一类的打击器械，部分殳成为侍卫的守备武器或作仪仗装饰品使用。

殳头 · 铜箍 · 刺球 · 柲（柄） · 镦

殳

战国曾侯乙墓出土的殳，顶端装有一个呈三棱矛状的铜头，锋后及柄上装有带尖刺的铜箍，柄端装有镦。整件兵器可刺、可砸，威力颇大

秦代铜殳

战国殳

长棍

棍是人类较早掌握的一种工具，其原始形态是经过简单加工的树枝、木杆。在原始社会的狩猎和战争中，棍作为一种打击兵器依靠挥舞时获得加速度所产生的动能来击杀目标。此后，为了增强杀伤力，人们还对木棍进行精细的加工，如在前端镶嵌蚌壳、石片，或在尖端削出尖峰，这些手段在以后不断被强化，演变成矛、枪等不同兵器，故棍有"百兵之祖"之称。

棍加工虽简单，但是靠劈、拦、挑、挂、戳、点、拨、撩、绞等精湛技法，勇猛、快速、多变，是宜攻宜守的有力兵器。

棍棒比矛、枪类长兵器的柄粗而坚硬，较其他长兵器更难被锐器砍断。铁头棍、浑铁棍、浑铜棍等金属材料棍长而重，具有相当大的威力。随着头盔和护甲等护具的出现，棍在战场上的地位有所下降。但取材简单，容易上手的木棍在军事训练及武术练习中仍发挥重要的作用。

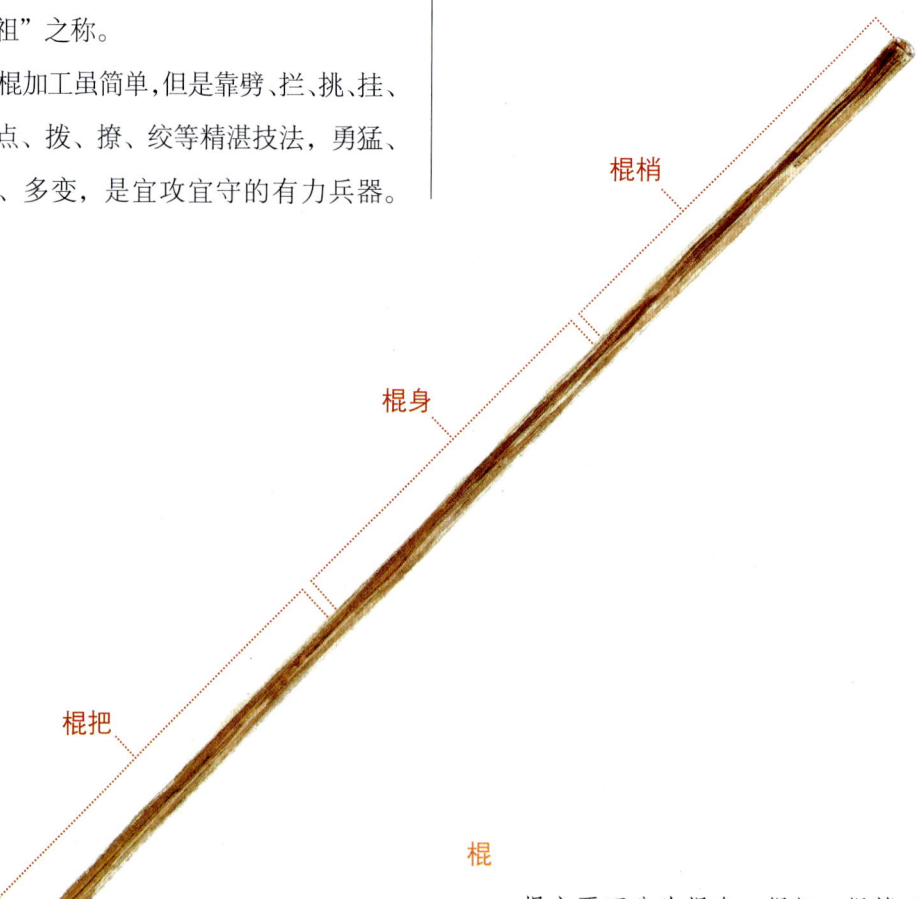

棍

棍主要可分为棍身、棍把、棍梢三部分。棍身两端粗细不一，一端粗可盈握，此端是握手处，越往上越细

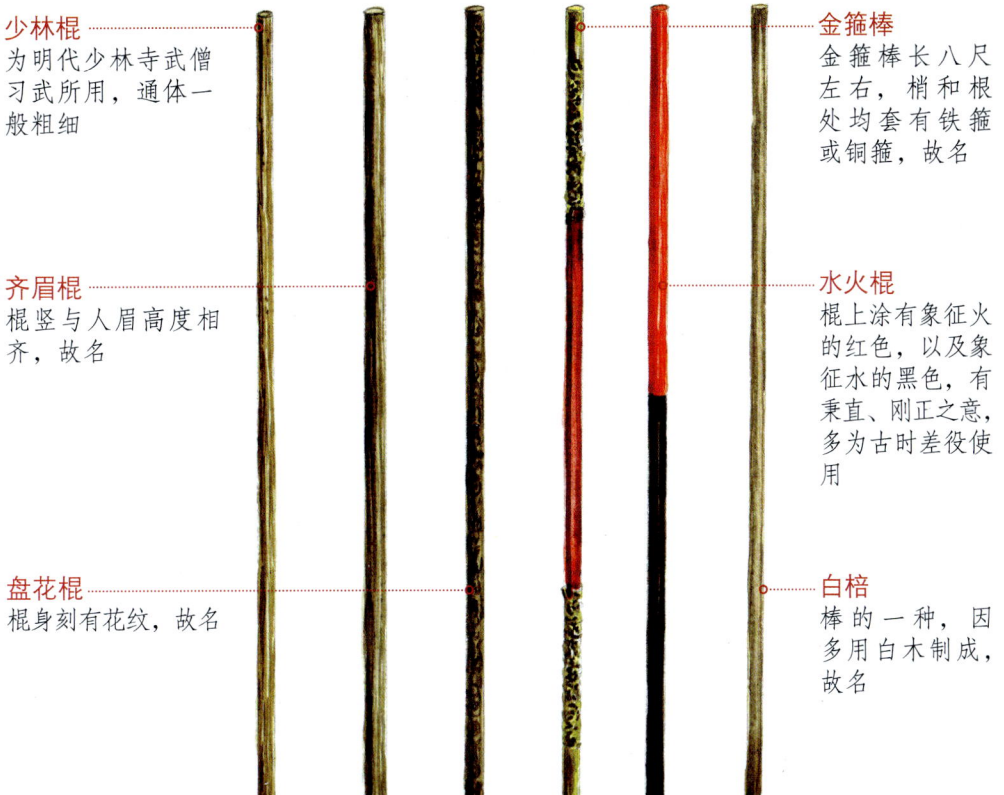

少林棍
为明代少林寺武僧习武所用，通体一般粗细

齐眉棍
棍竖与人眉高度相齐，故名

盘花棍
棍身刻有花纹，故名

金箍棒
金箍棒长八尺左右，梢和根处均套有铁箍或铜箍，故名

水火棍
棍上涂有象征火的红色，以及象征水的黑色，有秉直、刚正之意，多为古时差役使用

白棓
棒的一种，因多用白木制成，故名

长兵器

少林寺棍法

在名震天下的少林武术中，棍是最具代表性的兵器，如同武当派的剑一样，棍成为少林派的代名词。在民间有少林寺十三棍僧救唐王的传说，但少林寺棍法的始祖据推是元代至正年间在少林寺的紧那罗和尚。据《河南府志》记载，元末少林寺中一位自称紧那罗的烧火行者，在红巾军围攻少林寺时，手提烧火棍打退了红巾军。此事之后，少林棍法开始为世人所知。明代抗倭名将俞大猷来到少林寺，丰富了少林寺棍法，并使其更适于实战。此后，少林寺中许多僧侣都参加过抗击倭寇的战斗，他们使用威力无比的铁棍，令倭寇闻风丧胆，少林棍法更是名扬天下。

俞大猷画像

大刀

大刀又名长刀，是一种砍杀类长柄兵器，刀身用金属制成，刀柄为硬木，其后端装有铁制的镎。西汉时，机动性强的骑兵是决定战争胜败的主力，步兵为了抵御骑兵，将当时常用的刀、剑等锋刃兵器上安上长柄，用作"斩马"之用，这些兵器被看作是最早出现的大刀。在此后的实战中，长柄刀的样式不断改进，风格不断变化。唐代有两面有刃的陌刀，安史之乱时，饶阳守将张兴所持陌刀重五十斤，"一举刀辄数人死"。

宋代是大刀发展的兴盛期。刀的形制又有了变化，刀头弯翘，一侧具有锋刃，由于刀身厚重，劈砍时具有更大的威力，面对披戴重甲的敌人也能给予致命的伤害。在各类兵器中，大刀以勇猛气度被誉为"百兵之帅"。

宋代《武经总要》中的大刀

成书于北宋初期的《武经总要》是我国第一部由官方主持编修的军事和兵器大百科全书，书中介绍了当时较具特色的长柄大刀

屈刀

刀前锐利，刀后斜阔

眉尖刀

刀身狭窄，单刃，刀尖锐利，其后斜阔。此刀给人一种质朴、实用之感，适于实战

笔刀

刀尖锐利，刀背斜阔

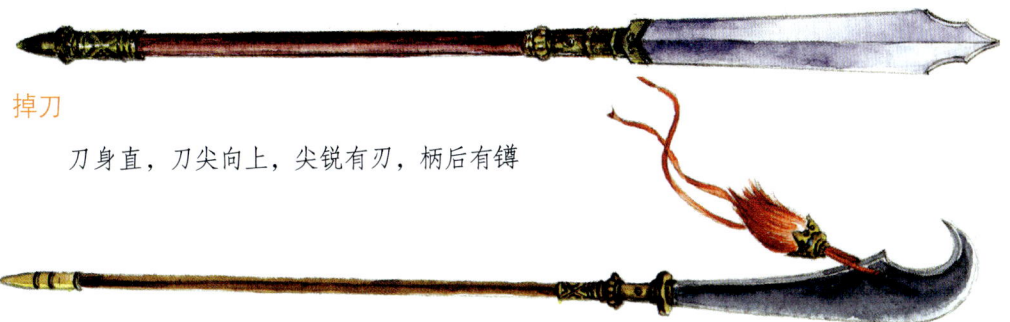

掉刀

刀身直，刀尖向上，尖锐有刃，柄后有鐏

凤嘴刀

刀头呈圆弧状，刀刃锋利，刀背斜阔，柄下有鐏

戟刀

戟刀全长五尺，其中刀尖长四寸，边锋长一尺。刀柄粗可盈把，柄尾有一三棱形铁鐏。戟刀在对敌作战时可发挥前尖边锋的特点，声东击西，虚实多变

掩月刀

刀头阔长，形似半弦月，背有歧刃，刀身穿孔垂旄，刀头与柄连接处有龙形吐口，长杆末有鐏。这一类带背刃的长柄大刀作为重型兵器，劈砍的威力巨大，但因太过笨重且制造成本昂贵，在格斗战场并不普及，更多用在演武、阵列和操练时显示军威，或作为宫殿侍卫的仪仗兵器

二郎刀

二郎刀旧称三尖两刃刀。双刃，刀尖分为三支，呈"山"字形。"二郎刀"一名最早见于明代，在当时《西游记》等神话小说中，天神二郎真君擅用三尖两刃刀。由于小说的广泛流传，人们把这类兵器通称为二郎刀。二郎刀由斩马刀演变而来，在实战中，斩马刀劈入高速前进的战马后常常折断，无法再次使用，为此，对刃进行了加厚，并将过宽的刃部处理成三尖状，这样铸造的二郎刀可劈可刺，更具威力

狼牙棒

狼牙棒是一种首端装有狼牙状钉刺的打击兵器，宋代使用较多。其首端粗大如瓜，表面固定有很多像狼牙一样的铁钉，锤头安着尖钉。这种兵器的打击效果不仅靠它的重量，锤头上的诸多尖锐的铁钉也能产生奇特的杀伤作用，对身披铠甲的敌人也有很大的威力。

国粹图典

兵器

尖钉

棒头

尖刺

柲（柄）

鐏

狼牙棒

秦明

《水浒传》中，水泊梁山马军五虎将之一的"霹雳"火秦明是使烽火狼牙棒的猛将。在三打祝家庄、兵发高唐州、战呼延灼、取华州城、攻大名府等作战中，秦明皆作为前军先锋，凭手中狼牙棒屡立战功，从未挫了梁山的锐气。

铲

铲是薄体阔刃的长兵器，由生产工具演变而来，是古代百姓和僧侣随身的武器。古代农民起义军常把一些类似铲的生产工具和农具当作武器来使用。正规军队中用来构筑营地或城墙时所用的铲也常常当作武器来使用。

作为兵器，铲头一般是铁制，杆有木或铁制两种。铲头扁平呈弯月形，月牙朝上，刃薄而锐，向后渐丰厚，底部有一套筒与柄连接。有的铲头底部两角各凿一孔，上套粗大铁环，舞动时铮铮作响，以增威势。其主要击法有推、压、拍、支、滚、铲、截、挑、拨、劈、冲、摇等。

月牙铲　　禅杖

鲁智深

《水浒传》中的梁山好汉"花和尚"鲁智深擅用此械，其禅杖全部用铁制成。鲁智深最初要求铁匠铺为其打造100斤的禅杖。铁匠告诉他，关羽使用的大刀才71斤。鲁智深便叫铁匠也给他打一根同样重的禅杖。铁匠劝他说，这样重，又大又笨不会好使。最后，鲁智深才同意将禅杖定为62斤

钩镰枪

国粹图典 兵器

钩镰枪是中国古代一种用于直刺和钩杀的长柄格斗兵器。其外形略似戟，把戟横向的锋刃向内侧弯就成了钩镰枪。其前有锋利枪刺，以刺为主来杀伤敌人；旁有曲刃向后似镰，既可用来刺杀敌人，又可钩住敌人铠甲把其拉倒在地。钩也具有防止枪尖刺入过深不易拔出的作用。钩镰枪最早出现在唐代。到了宋代，钩镰枪的使用发展到了顶峰，攻城、野战中大量运用此类武器。

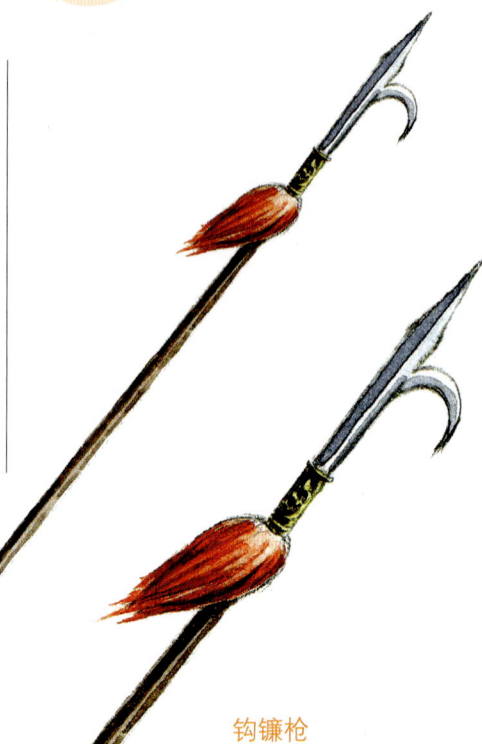

钩镰枪

徐宁大破连环马

《水浒传》中的徐宁就是一名使钩镰枪的战将。徐宁原是宋朝禁军金枪班（枪队）的教头，也是唯一一位钩镰枪的传人。在宋军用连环马阵大败梁山泊之时，徐宁的表兄弟汤隆提出使用钩镰枪破连环马的建议。为此，梁山好汉用计拉徐宁上山入伙。后梁山泊依靠徐宁训练出来的钩镰枪兵破了宋军的连环马阵，取得了胜利。

《忠义水浒传全图》中的大破连环马阵

长斧

斧是古代一种以劈、砍为主要攻击手段的长兵器。石斧是人类较早掌握的工具之一，原始社会制造各种工具，都是从以斧伐木开始的。故汉刘熙在《释名·释用器》中说："斧，甫也。甫，始也。"斧因其式样和用途不同，有斤、戚、钺等不同的名称，但大体式样基本相似，均一面为宽大的锋刃，一面平直，并装木柄使用。铜斧出现很早，在已发现的青铜器中，铜斧占有很大的比例。由于斧头有銎，柄的安装较其他兵器更为便利。

商周时期，沉重的战斧不适宜车战使用，在军事中运用有限，但部分雕刻精美的铜斧成为军权的象征。

秦汉时期，作战方式及冶铁技术的发展使铁斧再次成为军队中的常用兵器。汉代，还有长斧和矛状物结合在一起，成为兼有劈、刺双重功能的兵器。

唐宋时期，斧是对付骑兵和先锋拔寨的有效武器，有劈、砍、剁、抹、砸、搂、截等用法，舞动起来粗犷豪放，被大量装备军队。宋朝的大斧威力极大，战场上弓、弩很难射透的锁子甲都难抵大斧的打击。屡遭宋军大斧攻击而败退的金军元帅兀术感慨地说："宋军武器之中，除了神臂弓、大斧之外，就没有什么兵器能够威胁到我军了。"

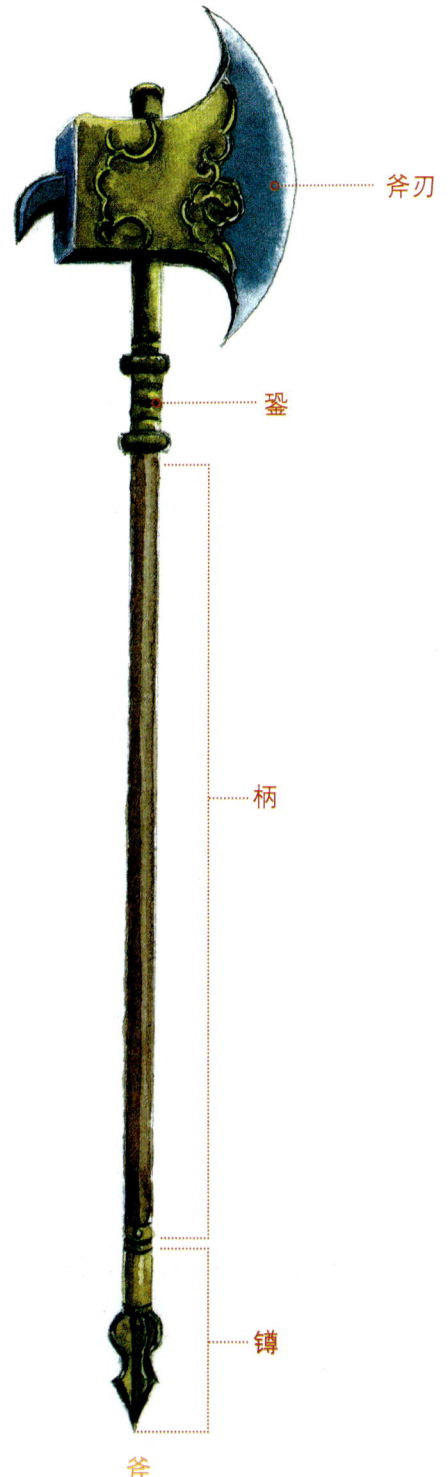

斧刃
銎
柄
镦
斧

香积寺之战

　　唐至德二年（757），李嗣业与安史叛军战于香积寺。李嗣业以两千步兵手持长斧等兵器击败了安禄山剽悍的骑兵部队，继而收复了长安

钺

斧的一种别称,《广雅》载:"钺,斧也。"但钺较一般斧大,多圆刃、长柄,有"斧王"之称。商周时期,钺部分作为兵器使用,弧刃,刃的两端上翘,为其常见样式;直刃的称作方钺。钺柄的装饰与直内戈类似。战国以后钺逐渐少用,成为权力的象征。天子册封大臣及命将出征时,赐钺以示授予其处罚、杀戮之权。三国时孙权委任陆逊为大都督时,便假以黄钺,以使陆逊能够服众。

古代还常以武士执钺作为守卫,《尚书·顾命》中载:"一人冕,执钺立于西堂。"在帝王将相的出行仪仗中也有武士执钺,以营造森严威仪的气势

商代人面铜钺

战国时期中山侯钺

商代双系带銎铜钺

西周铜戚

戚

斧的一种别称。戚的形体与钺相近，但较钺狭窄，流行于商代及西周初期，部分装饰动物、神兽等纹饰。从《礼记·文王世子篇》中"大乐正学舞干戚"可知戚还是舞蹈中的道具。"戚"这一称谓秦代以后少见

甲骨文戚

大斧

凤头斧

峨眉斧

挫子斧

宋代《武经总要》中的斧

宋代除了大斧外，根据用途的不同，斧子的形状略有不同，出现了峨眉斧、凤头斧、挫子斧，其中挫子斧主要用于守城时击杀登城之敌

程咬金三板斧

在古典小说中有许多使大斧的英雄好汉。《说唐演义全传》中的程咬金就使一把宣花大斧。由于其人鲁莽，只习得三招斧式，但这三斧也十分了得，对敌人马上将领极具威力。程咬金"三斧定瓦岗"的故事被后人津津乐道。

这三斧连贯而出，分别是：

第一斧：劈脑袋

用斧头从上往下砍

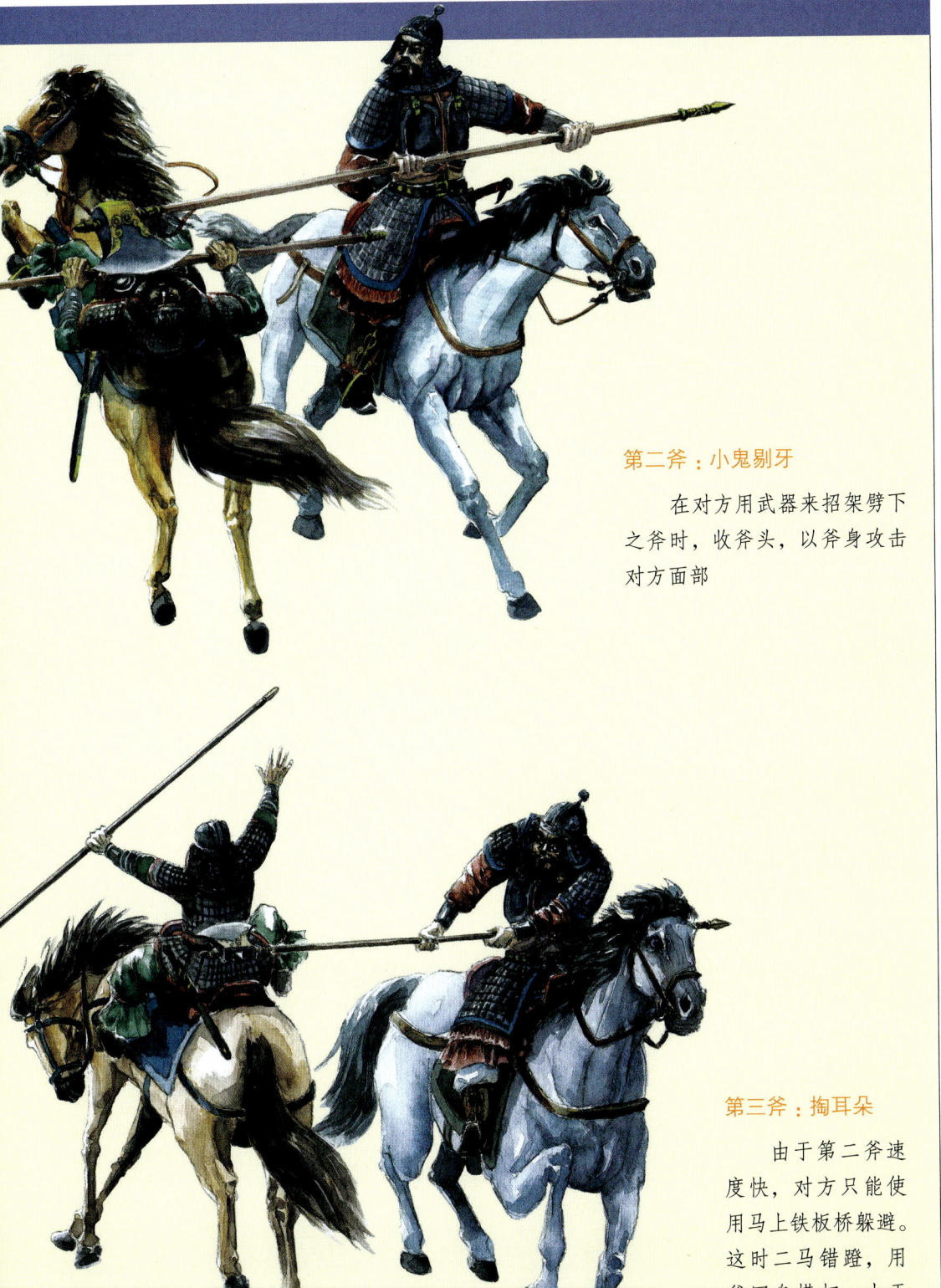

第二斧:小鬼剔牙

在对方用武器来招架劈下之斧时,收斧头,以斧身攻击对方面部

第三斧:掏耳朵

由于第二斧速度快,对方只能使用马上铁板桥躲避。这时二马错蹬,用斧回身横扫。由于对方刚起身,故很难躲闪

叉

国粹图典 兵器

叉是一种带有叉状锋刃的长柄兵器，同枪一样可直刺和扎挑击敌。但叉的杀伤范围更大，使被击中者伤势复杂难愈。最早，叉是古人用以捕鱼、狩猎和收拢谷物的工具，在农民战争中作为武器来使用，最后才发展成兵器。古典名著《水浒传》中，猎户出身的解珍、解宝、夏侯成，渔家出身的李俊、丁得孙等皆是使叉好手。

作为兵器的叉由叉头和木柄组成。叉尖为钢制，叉头有分成两个叉的，也有分为三个叉的。二股叉又名"牛角叉"，通体较为扁平，底粗尖细。三股叉俗名"三叉戟"，中间一叉直而锋利，两侧有由中股底端横出的两刺，可防御敌人兵器的攻击。明万历《三才图会·器用》中介绍，三股叉两侧锋刃朝上叫作"文叉"；两侧一股向上、一股向下的则叫"武叉"。叉中有一类常配备于骑兵，称作马叉，其多为三股，刃锋面宽，除扎刺外，还具有棍和钩的特点。

叉

叉的别用

在中国古代，叉又作为仪仗之用。唐代著作《通典·礼典》载皇帝仪仗队中有250人执叉。在唐代前后，就已经有了前端分成三叉的这种兵器。当时在一些庙宇中的佛像，特别是四大天王像手持的武器中就有叉这种兵器。

铣

铣是中国古代一种兼用于攻防的长柄兵器。其攻击部位形状似叉，有三齿、五齿之分。位于中央的正锋较长，如长枪枪头，可以击刺敌人；正锋两侧的锋刃为月牙形，向上弯翘，可以格架敌人的兵器。铣按正锋及两侧弯翘锋刃之形状定名，有凤翅铣、燕翅铣、雁翅铣等不同称谓。

由于铣的形状特殊，还常充当火箭发射架使用，对远距离敌人具有杀伤力。明代戚家军中的铣手便每人配有火箭30支。铣虽然是一件攻守兼备的武器，但由于正锋及两侧向上弯翘部分大且重，整件兵器前重后轻，比例严重失衡，只有臂力较好的兵士才能使用。

铣

宇文成都

在古典小说中，使用铣的人物多为勇猛、彪悍之士。较有代表的是《说唐演义全传》中的宇文成都，他是隋炀帝手下的大将军，使得一杆凤翅镏金铣，天下少有敌手

钯

钯的原形为农具，多以竹木制成，这种农具叫"耙"。耙直柄横首，首上有一排铁齿，犁耕时可将田地中的土块打碎，清去石块，除掉杂草。庄稼收获后可用耙来翻晒谷物、收拢麦秆。耙在中国已有至少1500年的使用历史，北魏贾思勰著《齐民要术》中便有此类农具的记载。由于耙前端铁齿锋利似钉，具有一定的攻击力，遂演变为兵器。

作为兵器的钯一般以铁为柄，故在书写上有所变化。钯呈丁字形，柄较长，重且沉；钯头有六齿、七星等不同样式，其用法有擂击、撞击、格、架、挑、拨、挡、划等。钯不但有很强的攻击力，而且也是一种防御敌人攻击的有效武器。钯中有一类称作"朳"，其打击部位虽有多齿，但却不是钉尖状，多用于水战。

钯

铍

铍是主要用于直刺的长柄兵器。其锋尖平脊，两面带刃，酷似长矛，但其以茎装柄，外用绳捆绑，与矛以骹装柄有很大不同。其扁茎形状与剑相似，尺寸较长，也具有劈砍威力，常被误为是大刀的先祖。

铍是春秋战国时代较为流行的兵器，战国七雄皆有此类兵器的铸造。秦始皇陵兵马俑坑出土的铍为青铜铸造，其首和短剑相同，长约30厘米，铍身断面为六边，顶端有保护刃部的鞘，后端接木柄，皆3.5米以上，柄末端装有铜镦。西汉初期，铍改为铁制，茎和柄间装有起加固作用的尖齿形铜箍。西汉之后，铍一类的兵器逐渐消失。

战国铍

槊为骑兵冲锋的专用长枪。由于槊很长，体重，所以不便挥舞，只能用一只手固定在一定的位置上，利用马的冲击力来攻击敌人。其主要用法有劈、盖、截、拦、撩、冲、带、挑等。在宋代骑兵使用的槊中，也有带系绳的，用来挂在骑兵肩上以固定枪位。还有在枪头上带倒刺（钩）的，既能钩拉敌人，又可用来防止因刺得太深而拔不出枪来。火器出现后，槊随着装甲骑兵的消失而退出了古战场。

槊　　曹操横槊

铩

铩也是一种直刺的长柄兵器，由铍演变而成，与铍的区别是铩采用骹装柄，骹与刃之间加有两端上翘呈锐尖状的横格，在实战中具有格架功能。

铩在秦汉时期较为常见，其体细长，尺寸多在25～30厘米之间。从出土文物来看，铩除长柄外也有安装短柄使用的，这与文献中所说的"操长铩""执短铩"相吻合。东汉以后，铩同铍一样趋于消亡。

刺
外形像短剑，刃长，有锋和脊

镡
上翘的两翼可以抵挡敌人的兵器

骹

柄

镈

铩

手持铩的汉代士兵

长锤

锤是古代一种头部呈球状的打击兵器，由锤头和柄组成，有石质、铜质、铁质。锤除球形外，还有瓜形、蒜头形，或有棱、有刺。锤柄多为木质，也有铁质，铁质的柄甚至和锤头一体铸成。因锤头的不同还有"锤""椎""槌""骨朵""金瓜"等不同称谓。原始社会人们为了增加砸击力量，在木棒顶端安装石块，可视作最早的石锤。

由于商周时期战车的盛行，锤类兵器很少运用于战争。在汉代，锤多作为仪仗用的兵器来使用，并用漂亮的花布把锤包缠起来，成为仪仗用的装饰品。因锤拥有一个体量很大的锤头，能产生很大的打击力，对身穿厚重铠甲的敌人也能造成伤害，故在以重甲装备军队的南北朝时期，锤被重视起来，并用于实战。

相比中原地区，北方的游牧民族更善于用锤类兵器。早在春秋时期，北方的草原民族狄人就使用一种形似扁圆柱，表面有突起错位乳钉的锤，能对敌人造成附加伤害。蒙古大军也常把锤类兵器作为近战兵器来使用，常见的有六棱形瓜锤、柄端用铁链系住锤头的六角锤。清军入关以后重视用锤，还专设过铁锤军。

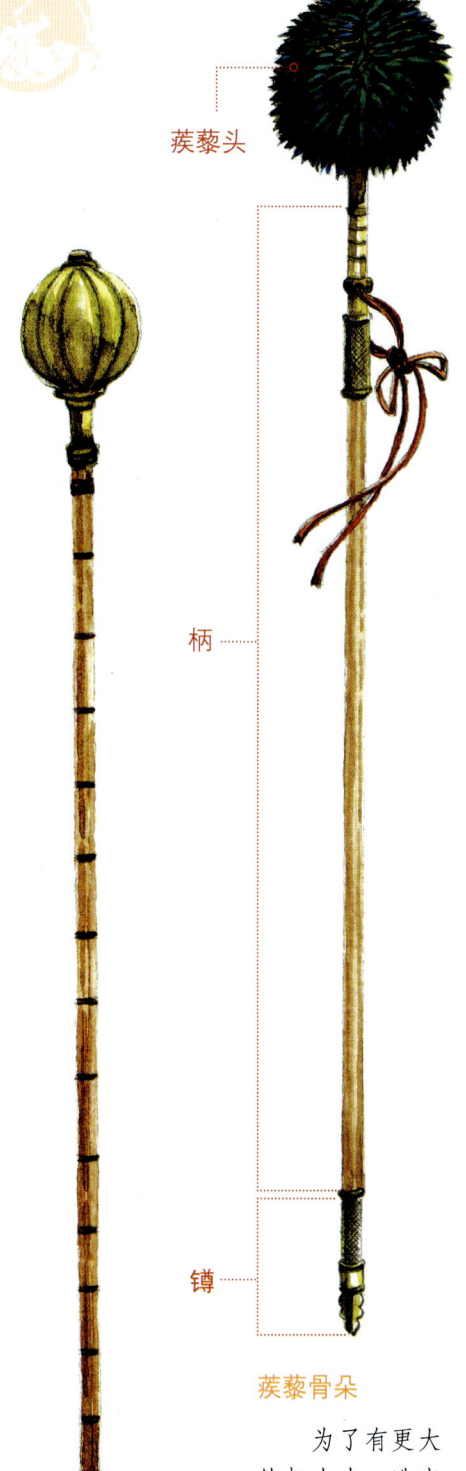

蒺藜头

长兵器

柄

镦

锤

蒺藜骨朵

为了有更大的打击力，造出了在锤头上带有锐利尖刺的蒺藜骨朵

国粹图典

兵器

清代立锤门神年画

宋代除夕用的门神为镇殿将军二人，着甲胄，擎金瓜。清代保留了宋代门神遗制，以年画的形式加以表现，贴于大门，以威慑鬼邪，保全家平安

狼筅是一种长柄多枝形的兵器。最早出现于明代，用大毛竹制作，前端有用以刺杀敌人的锋刃，竹柄部分保留着相互交错的枝叶，是当时农民起义军用来冲锋的武器。

明代中晚期东南沿海一代倭患严重，明军在同倭寇作战时，兵器常为倭寇所用日本刀砍断，以致在战斗中处于劣势。明将戚继光发现狼筅枝叶交错，柄长而坚，是非常理想的防御武器，便专门组织了狼筅兵。戚继光还对原先的狼筅加以改进，将毛竹柄增至5米，顶端装上铁枪头，两旁枝叶经过修整，再灌入桐油，敷上毒药。这样的狼筅长而重，不宜进行单兵格斗，但枝软，刀不能砍断，柄长则长枪不能刺入。战斗时，狼筅兵布在阵前，与其他兵器相配合，组成鸳鸯阵，大大提高了步兵的战斗力，屡败倭寇。由于狼筅粗重，也可布置于水田之中充当蒺藜拒马之用，阻碍敌军冲击。

长兵器

戚继光的鸳鸯阵

戚继光与狼筅

戚继光在《纪效新书》中提到："缘士心临敌动怯，他器单薄，人胆摇夺，虽平日十分精习，便多张皇失措，忘其故态。惟筅则枝梢茂盛，遮蔽一身有余，眼前可恃。足以壮胆助气，庶人敢站定。"可见狼筅不仅是阻敌之器，也可壮军威强志。

戚继光与执武器的士兵

矛头

枝梢倒装
须钢钩

柄
用长竹竿
制成

狼筅

三

短兵器

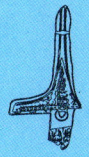

　　短兵器古代较短的手持格斗兵器的统称，以刀、剑、斧、鞭为代表，可刺击，又可砍杀，近战杀伤力很强。在冷兵器时代，短兵器是步兵的必备武器，主要以单手握持使用，亦有为了提高杀伤力而采用双手握持器械的动作。

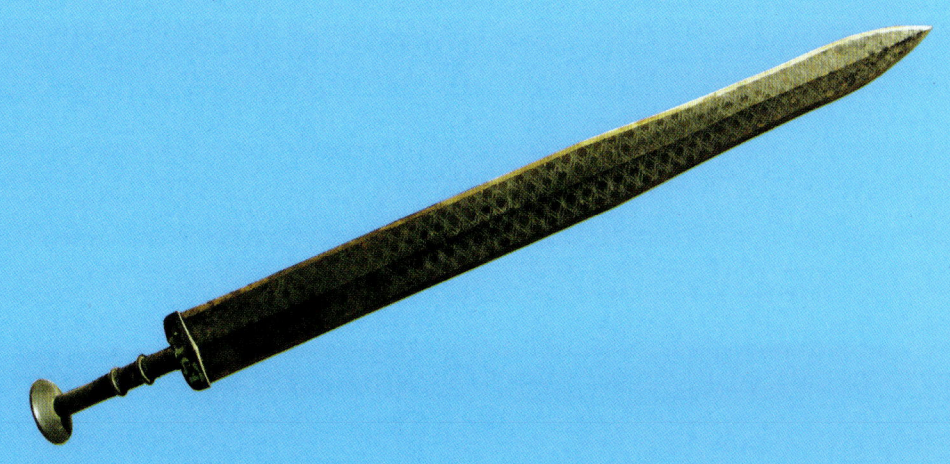

剑

剑直身尖峰，两侧有刃，可近战刺劈格斗，后安短柄，常配有剑鞘，是古代军中重要的短兵器。

中国剑出现的时间较晚。石器时期，因为石质难以制成锋利、细长的剑体，没有剑类兵器的使用。青铜时代，脱胎于矛形兵器及短匕首的剑才出现。西周时期，中原地区受周边少数民族影响，出现了短剑，剑刃两侧为弧曲，剑锋的夹角较锐。但由于此时期战车盛行，作为近战防身的剑并不多见。

春秋时期，中原地区的古剑开始形成自身风格，出现了柱形茎的柱脊铜剑。剑茎为圆柱形，延伸至剑身部位形成凸起的剑脊，茎和脊之间没有明显的分界线，浑然一体。剑的长度多在40厘米以下，同之前相比，剑刃向平直发展，剑尖角度也逐渐加大，增强了剑的强度和硬度，使用时以直刺为主，有"直兵"之称。此时，一些剑带有剑首，配有剑鞘，鞘的中部雕出凸起的璏，用以贯带佩剑。

春秋晚期至战国早中期是铜剑发展的高峰期，南方的吴越地区多丘陵树林，水网纵横，军队作战以配备剑、盾等兵器的步兵为主。在水战中，手持短剑的士兵也更为灵活。由于对剑的重视，当地的制剑技术有了长足的发展。吴王夫差、越王勾践等称霸一时的雄主皆配有制作精湛的宝剑。这时的剑身明显加长，大多超过了50厘米。

战国时期，还铸出了脊部和刃部具有不同铜锡配比的青铜复合剑，其脊部坚韧，而锋刃坚利，提高了杀伤效能。

秦汉时期，剑是步骑兵的重要武器。此时，在名流中仗剑远游成为一种风尚。秦汉时还颁布了法令，要求官吏带剑，以此代表权力的威严。

三国以后，剑退出了实战，逐渐演化为人们强身健体的器械和佩饰，但制作却日趋完美。

清代乾隆皇帝酷爱刀剑，在位时曾多次命内务府造办处精工制造剑具供其佩带把玩，这些剑皆为精良华美之物。

西周铜剑

陕西西安长安区张家坡西周墓出土的一把青铜剑。铜剑长27厘米，为柳叶形，两面起棱，茎部有两个圆孔以供贴附木柄

商代宽刃铜剑 　　春秋吴王光剑 　　战国双环首云纹铜剑 　　战国越王州句剑

西汉盘龙柄铜剑

西汉铜剑

短兵器

双色剑的制作

春秋时期，南方吴越两国的铜剑制造业发达，制剑数量极大。早期的青铜剑多为铜锡合金，锡硬且脆，铜较软但韧性好。含锡高的铜剑锋利，但存在脆弱易折的弊端，一经冲击碰撞，剑身有折断的危险；而含铜较高含锡相对较低的青铜铸剑韧性虽够，但又太软，既不锋利又容易卷刃。为此，古代工匠们创造性地制造出一种新型铜剑，其中心的剑脊采用含铜高的材料，保证了剑的韧性；剑刃则使用含锡较高的材料，保证了剑的锋利度。由于这种剑的剑脊颜色发黑，两刃发亮，剑身呈现两种颜色，故名"双色剑"。

① 采取矿石

② 木溜槽选矿

③ 冶铜

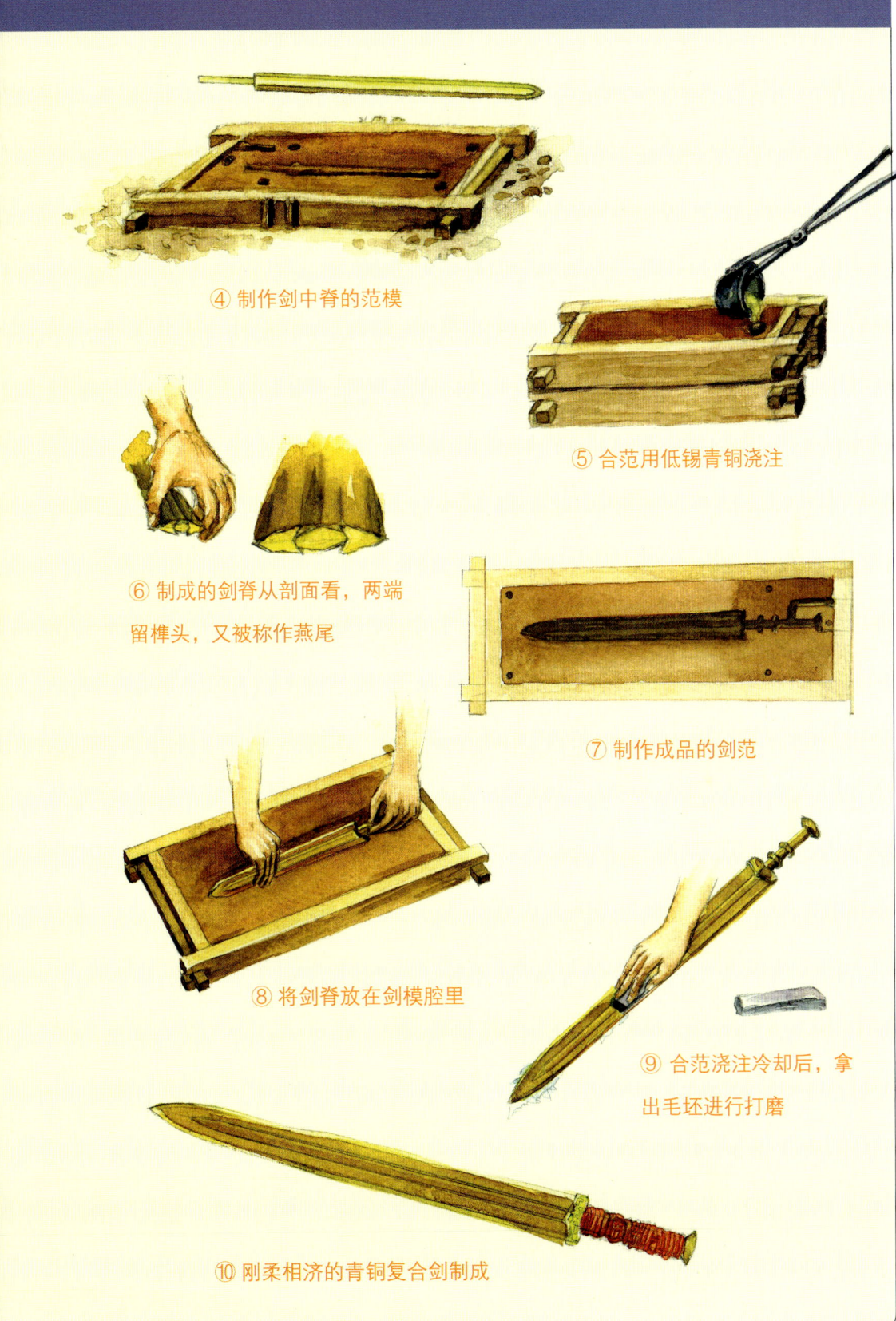

越王勾践剑

越王勾践剑于1965年出土于湖北荆州市望山楚墓中。出土时宝剑放在一个黑色漆木鞘内，拔出后仍寒光耀目。此剑带有春秋晚期剑的基本特征，全长为55.7厘米，剑身中脊起棱，剑刃略有弯曲，满饰黑色菱形暗纹。剑格两面铸有几何花纹，正面嵌蓝色琉璃，背面嵌绿松石。正面近格处刻有两行八字鸟篆铭文："越王鸠浅自作用剑"，"鸠浅"即卧薪尝胆、灭吴称雄的越王勾践的本名。越王勾践剑虽在地下埋藏了两千四百多年，但毫无锈蚀，锋刃锐利，二十余层纸一划即破，有"天下第一剑""青铜剑之王"的美誉

越王勾践剑

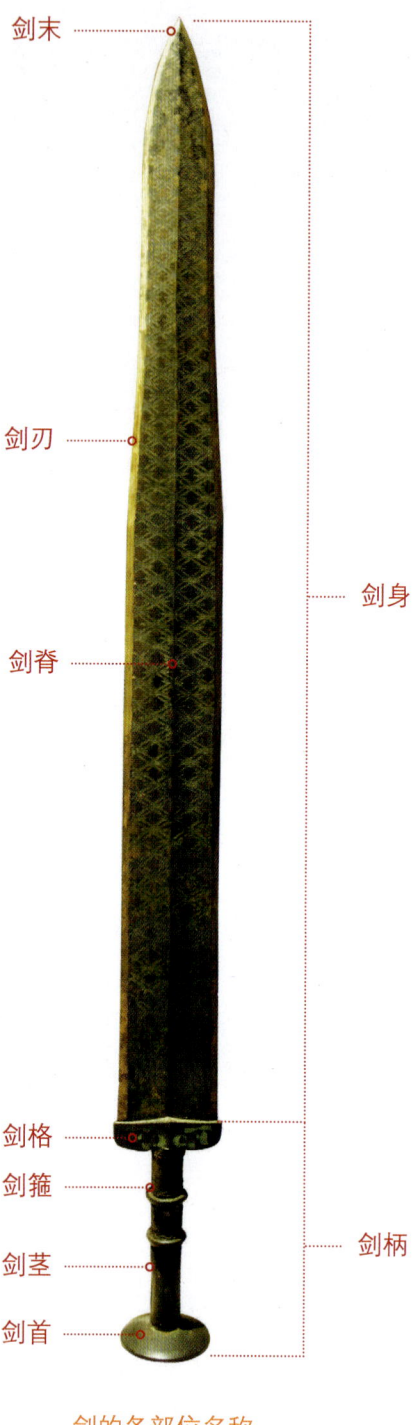

剑的各部位名称

欧冶子铸剑

欧冶子是春秋末战国初期的越国人。欧冶子最早冶铸青铜剑和铁锄、铁斧等生产工具，随着手艺的提高开始铸造兵器，"湛庐""纯钧""胜邪""鱼肠""巨阙"等一系列赫赫青铜名剑皆出自其手。由于肯动脑筋，吃苦耐劳，欧冶子发现了铜和铁性能的不同之处，冶铸出了第一把铁剑"龙渊"，开创了中国冷兵器之先河。

欧冶子铸剑

鱼肠

勇绝之剑。吴国公子姬光指使专诸刺杀吴王僚。僚爱吃烤鱼，专诸就假扮厨师，手托鱼盘，鱼肚子里暗藏利刃，趁机刺杀了吴王僚。这锋利的短剑就被后人称作"鱼肠剑"。当上吴王的姬光做贼心虚，将鱼肠剑藏而不用。其死后其子以鱼肠剑陪葬，埋于海涌山。秦始皇统一中国后，命人掘墓，以求取鱼肠剑，但"凿山求剑无所得，其凿处遂成深涧，今虎邱剑池是也"。宋代沈括的《梦溪笔谈·器用》中介绍此剑："古剑有沉卢、鱼肠之名……鱼肠即今蟠钢剑也，又谓之松文，取诸鱼燔熟，褫去胁，视见其肠，正如今之蟠钢剑文也。"

纯钧

　　尊贵无双之剑。《越绝书》记载：剑身的花纹布满菱纹格，灿烂的光辉就像天上的星星在缓缓运行；剑的光彩就像漫漫春水从水塘溢出，波纹连波纹；被它砍开的地方就像高耸的危崖峭壁；它的质地光泽晶莹，如同刚开始消融的坚冰。相传吴国名将伍子胥曾佩此剑，后沉入杭州钱塘江

胜邪

　　关于胜邪的记载较少，《越绝书》曾有一段对此剑的评述：宝剑要求青、红、黄、白、黑同时显现，任何一种光芒不应胜过其他光芒，胜邪在此方面稍有不足

湛庐

　　又称湛卢、湛泸，是一把仁道之剑。因其通体"湛湛然黑色也"而得名。据说湛庐剑几经辗转流传，南宋时传到岳飞手中，后不知下落

巨阙

　　其坚无比，是旷世利器。传说越王勾践坐于露台上，忽见宫中有一马车失控，横冲直撞，惊吓了宫中饲养的白鹿。于是越王勾践拔出巨阙，挥剑将马车砍为两节。据传用此剑刺铁锅，就好像切米糕一样，可轻易刺出缺口

诚信高洁之剑——七星龙渊

此剑传说是由欧冶子和干将两大剑师联手所铸。铸剑时，凿山引水至铸剑炉旁呈北斗七星环列的七个池中，是名"七星"。剑成之后，俯视剑身，仿佛巨龙盘卧于山涧，是名"龙渊"。

春秋晚期，七星龙渊剑为楚国伍子胥所得，其为奸臣所害亡命天涯时，便佩此剑。一日，伍子胥被楚兵追至江边，万分危机之时，一条小船急速驶来，载伍子胥到江对岸。得救后的伍子胥从腰间解下七星龙渊剑赠给渔人以致谢。渔人接过宝剑，对伍子胥长叹道："搭救你只因为你是国家忠良，并不图报，而你疑我贪利少信，我只好以此剑示高洁。"说完，横剑自刎。伍子胥追悔莫及。

伍子胥赠剑

项庄舞剑，意在沛公

秦汉舞剑之风盛行，历史上也流传有许多相关的故事。《史记·项羽本纪》中记载，鸿门宴上，项羽的谋臣范增命项庄在酒席上舞剑助兴，乘机杀死项羽争霸天下的主要对手——沛公刘邦。项羽叔父项伯看出项庄用意，亦拔剑起舞，以翼护刘邦。这就是后世典故"项庄舞剑，意在沛公"的出处

玉具剑

玉具剑是剑首和剑柄等部分用玉石材料制成的剑。剑锋利笔直，是为正直；剑收鞘中，锋而与他人无损，是为仁义；剑可护身，是为忠勇。西周到春秋，玉与剑同为君子的象征，为贵族所佩带，玉具剑就是在此时出现的。西汉的玉剑饰在战国的基础上有了新的发展，造型不同于以往，纹饰多以兽面纹为主，流行高浮雕的蟠螭形象。此外，采用有镂空工艺的装饰，精美华贵。南北朝后，随着佩剑方式的改变，玉具剑逐渐减少。

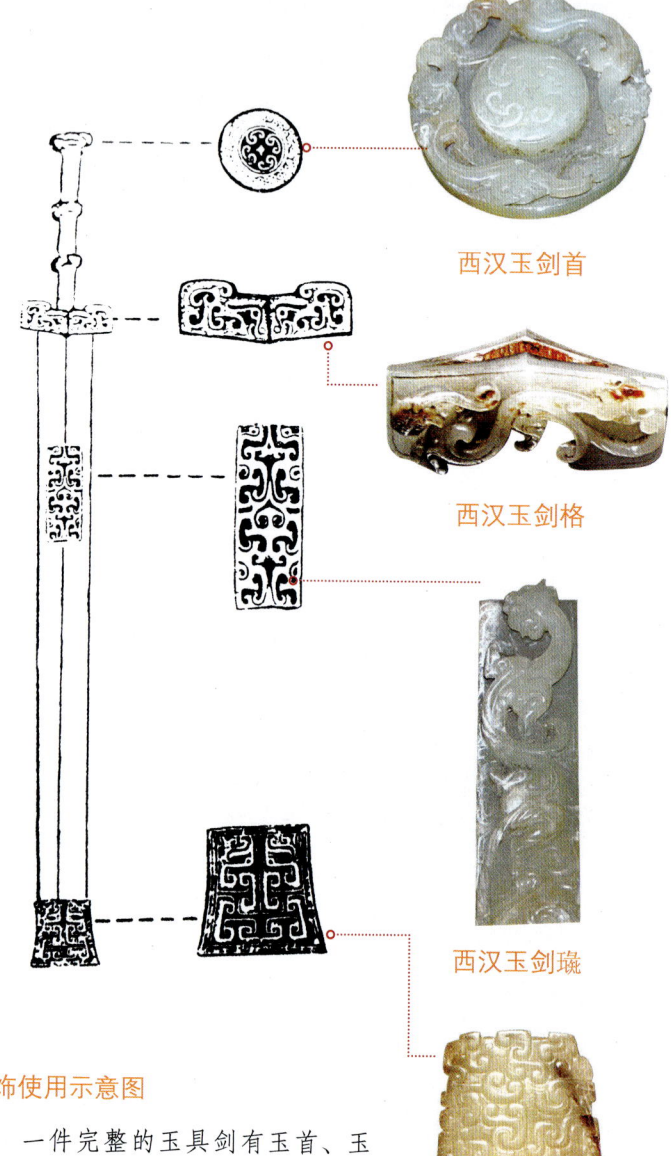

西汉玉剑首

西汉玉剑格

西汉玉剑璏

剑饰使用示意图

一件完整的玉具剑有玉首、玉格、玉璏、玉珌四部分。

首和格装在剑身上，璏和珌装在剑鞘上。

西汉玉剑珌

玉具铁剑

佩剑方式

中国古代剑的佩带方式主要有两种，先后流行。

璏式佩剑法

流行于东周至魏晋时期中原地区的佩剑方式。

剑鞘上装有璏，贯带将剑系束于腰间。璏式佩剑法使剑紧密贴身，不致晃荡影响行动，但也不便于长剑的出鞘。为顺利拔出长剑，人们常把剑顺腰带往身后移，习称"负剑"。《史记·刺客列传》记载，荆轲刺秦王时，秦王因采用璏式佩带的剑太长，惶急间竟拔不出来，经旁人提醒，他负剑而出，才转危为安。

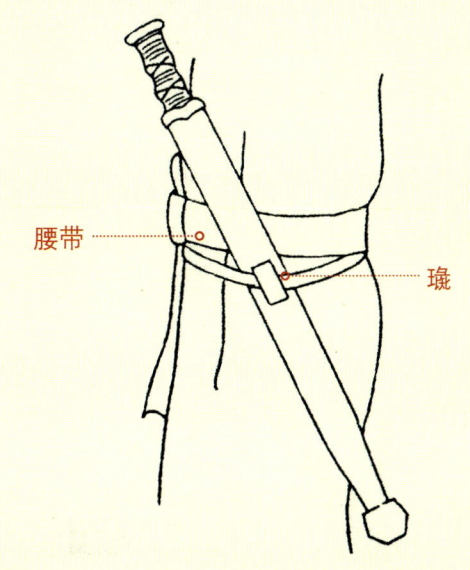

璏式佩剑示意图

挂式佩剑法

魏晋时期传入中原的佩剑方式，它的出现改变了中国传统的佩剑方式。

在剑鞘的上部装两个有穿孔之耳，用以贯绳将刀剑系挂于腰带。因剑鞘上有两个固定点，稳定性较好，适于佩带长刀、长剑。

《中兴四将图》中所显现的挂式佩剑法

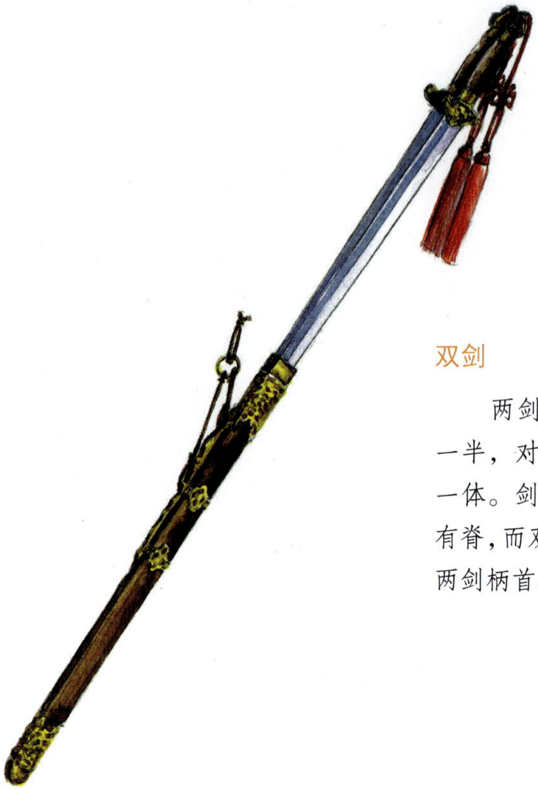

双剑

两剑合拢似一剑，双剑的剑格各为一半，对合的一面为平面，使两剑合为一体。剑身与单剑不同之处为单剑两面有脊，而双剑仅一面有脊，对合面为平面。两剑柄首各配一根单穗，双剑同入一鞘

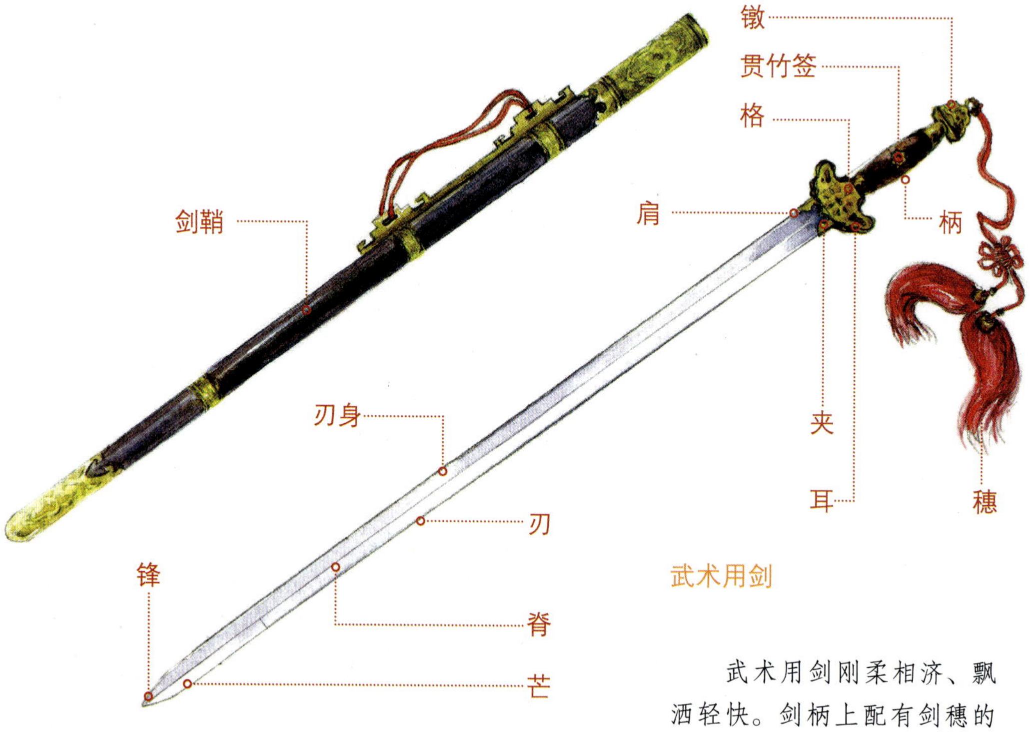

武术用剑

武术用剑刚柔相济、飘洒轻快。剑柄上配有剑穗的称为"文剑"，无剑穗的剑称为"武剑"

刀

刀是一种利用侧刃劈砍的格斗武器,由刀身和刀柄构成,刀身狭长、薄刃厚脊是其主要特征。步兵用的刀主要有两种,一种柄较长,双手握持,柄首有环,铜护手较小,平刃。另一种为单手持握,刀柄带护手,刃体直,在战斗中与盾牌配合作战。

中国原始社会便已出现石、骨、铜等材料制造的刀。夏商周时期,刀等短兵器发展缓慢,虽然刀的制作总体较为粗糙,但也不乏精美之作。西汉时,骑兵驰骋战场,以劈砍的方式更能有效地杀敌,此前流行的剑难以适应这种需要,于是适宜劈砍的刀流行起来。此时,主要用刀为铁制环首刀,其一侧为刃,一侧做成厚实的刀脊,不易折断。环首刀还常配合盾来装备步兵,魏晋南北朝时期被一直沿用。

隋唐时期,普遍使用装有双附耳刀鞘的刀,军队中实战使用的短柄刀称佩刀。《新唐书·兵志》记载,佩刀是每个士兵必备的兵器。到北宋时期,短柄单手握执的刀称"手刀",从《武经总要》所载的图像看,此刀刀身较宽,刀体由长条形改为前锐后平,刀头微上翘,有护手,而无大环及装饰。在此基础上还出现了多种长柄刀。

元明时期,由于海外交往频繁,波斯刀和日本倭刀大批输入中国,对中国造刀形制和工艺都有很大影响。

明代军队虽然装备大量火器,刀仍然是步兵和骑兵必备的兵器。短柄刀有长刀、腰刀及短刀三种,刀身较弯。其中短刀是骑兵所用;腰刀与藤牌合用;而长刀似仿日式制成,全刀及手柄都较长,双手握刀。

清代短柄长刀的形制和明代形制基本相似,但刃形较直,刀上有两条血槽,护手为扁椭圆形。皇室所用佩刀的装饰十分美观,刀上镂金,刀首镶嵌珠宝;刀鞘外蒙鲨鱼皮,遍体纹饰;上下铜套镂花,中部近鞘口一段有铜箍,用来拴系刀带。

商代短柄翘首铜刀

灵宝

古代名刀。三国时代学术著作《典论》记载,其为魏文帝曹丕所铸,刀上花纹似龟甲

神术

古代名刀。南朝梁人陶弘景《古今刀剑录》记载,其为一度统一中国北方的前秦君主苻坚所铸

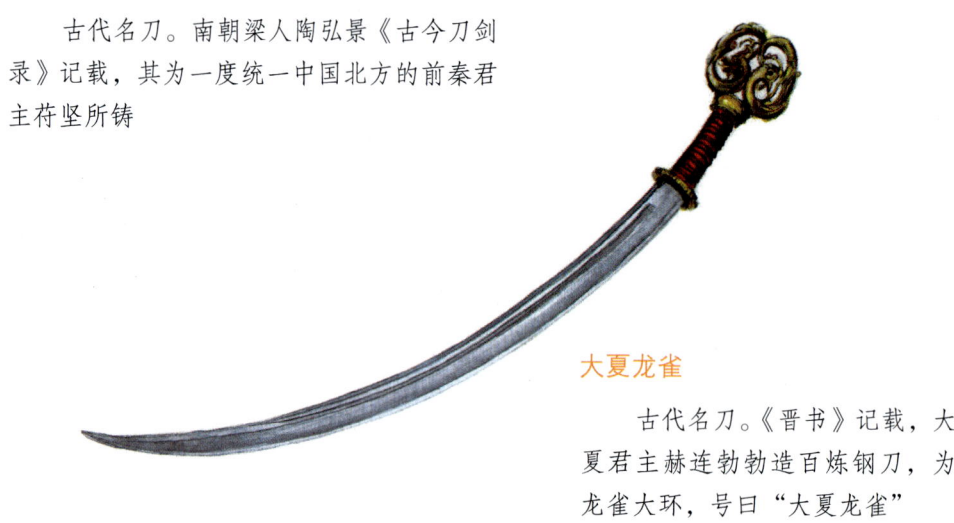

大夏龙雀

古代名刀。《晋书》记载,大夏君主赫连勃勃造百炼钢刀,为龙雀大环,号曰"大夏龙雀"

环首刀

环首刀诞生于西汉时期,是由铁经过反复折叠锻打和淬火后制作出来的直刃长刀,外形尚有剑身的形状,因刀柄末端做成环状,故名。环首刀自诞生后,一直是战场上的主要兵器,直到隋唐。唐时对环首刀进行了改进,增加了护手,取消了刀柄端的圆环,用以装备军队,称为"横刀""唐大刀"。这类双手持握的刀具对以太刀、打刀为代表的日本刀有深远影响

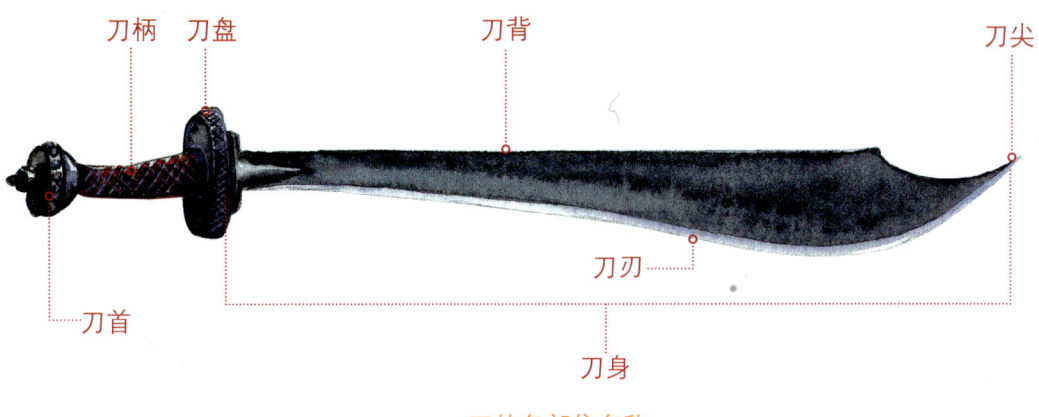

刀的各部位名称

明代短刀

明代长刀

清代腰刀

手持腰刀的清代士兵

短鞭

国粹图典 兵器

鞭有软硬之分，此处讲的是以铜或铁等金属材料制造的硬鞭。硬鞭鞭形和刀、剑相似，由鞭身和鞭柄构成。鞭身带有竹节状的棱刃，自下至上由粗变细，所以又叫"竹节钢鞭"。鞭多棱无刃，坚硬无比，使用时如棍棒一样靠较大的重量而获得打击力，对身着重甲的敌人也有很强的杀伤力。由于鞭的末端尖锐，亦可挑刺，又无折断之虞，以技巧和力量取胜。但军中未大量装备，仅为身大力猛的个别将领所用，使用时单手持握。

鞭起源比较早，春秋时期便已经出现。据《左传》载：楚国旧臣伍子胥因父兄皆被楚平王杀害，便投奔吴国，借助吴国的力量伐楚。吴军攻入楚国都城时，楚平王早已死去多年，伍子胥为泄恨，鞭楚平王之墓，以报父兄之仇。

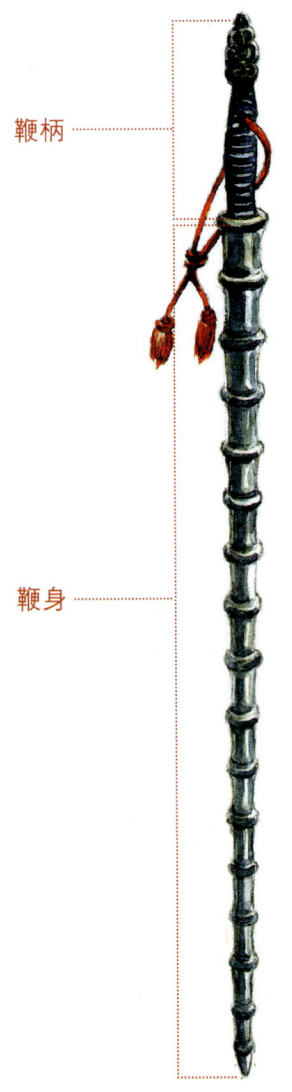

鞭柄

鞭身

鞭

执鞭的尉迟敬德

锏

锏是一种与鞭相似的短柄打击兵器，无刃，上端略小，下端有柄。但锏的外形为方形或三角形，身有棱无节，锏端无尖，较鞭更为简洁，多双锏同用。

锏柄有圆柱形和剑把形两种，柄与打击部之间有护手，锏柄末端有一环，穿系丝弦或牛筋悬于手腕。在战场上厮杀时，若其他兵器脱手或无法取胜时，可转身逃跑，若敌将追赶，可抽出锏来，突然回身给以致命一击，瞬间扭转局面，取得胜利。

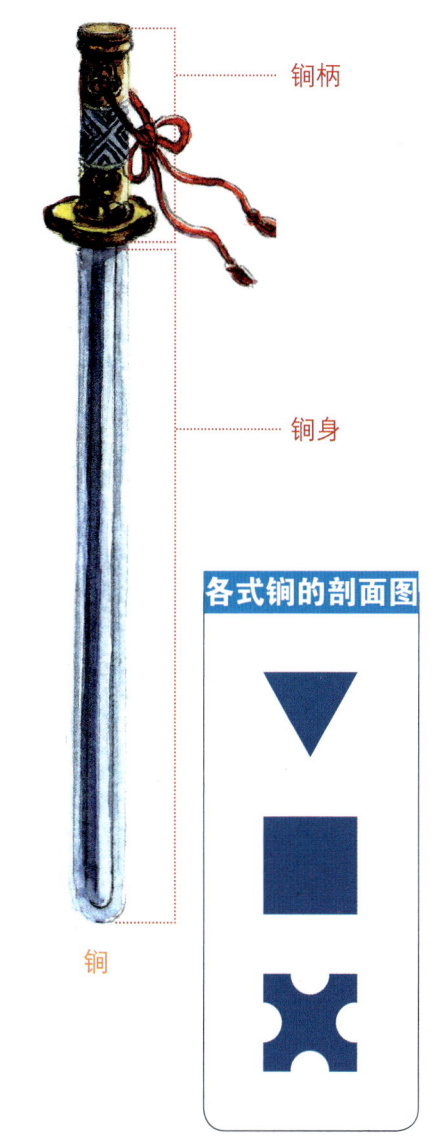

锏柄

锏身

锏

各式锏的剖面图

执锏的秦叔宝

门神

在《说唐演义全传》中，尉迟敬德和秦叔宝是使鞭用锏的勇将，其二人"三鞭换两锏"的故事家喻户晓。由于两人勇猛无比，后世将他俩作为门神敬奉，贴在门上以保平安

短斧

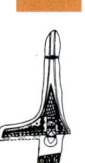

短柄刃是一种杀伤力很大的白刃格斗兵器，其中以板斧最具代表性。板斧的斧头呈扇形，斧端还可制成弯刺状，斧刃由硬质钢锻造而成，斧柄为木制，其用法有抡、劈、砍、扎、削、扫等。大力之人两手各握一把成对使用。宋代，斧既是近战的主力兵器，又是挖掘坑道的工具。

斧

短锤

短兵器的锤形制与长兵器的锤相似，但由于柄短，有的锤头重量更大，杀伤力也更强。短锤多是两个作为一副来使用，所以就有了"双锤"的叫法。

锤

严成方

岳云

八锤四大将

岳飞手下有狄雷、岳云、何元庆、严成方四名擅长使锤的猛将，因皆为短柄双锤，故有"八锤四大将"之称。在各类演义中对这四对大锤有过"擂鼓瓮金锤""八楞梅花亮银锤"等不同的命名，但若按材质分则为金锤严成方、银锤岳云、铜锤何元庆、铁锤狄雷

狄雷

何元庆

钩

国粹图典 兵器

钩是中国古代一种刃部内向弯曲用于近战杀敌的白刃格斗武器。其与镰、戈、戟等古代兵器同属钩兵，主要通过向后回拉钩割伤敌，与用力向前的刺兵不同，两者有互补作用。据《汉书·甘延寿传》"钩亦兵器，似剑而曲"的记载，短柄钩具是从刀剑演化而来的。战国时期，城防战时大量使用钩，钩取攀城或从地道进犯之敌。钩作为一种辅助性兵器流传不广，但在中国古代文学作品中却留有盛名。

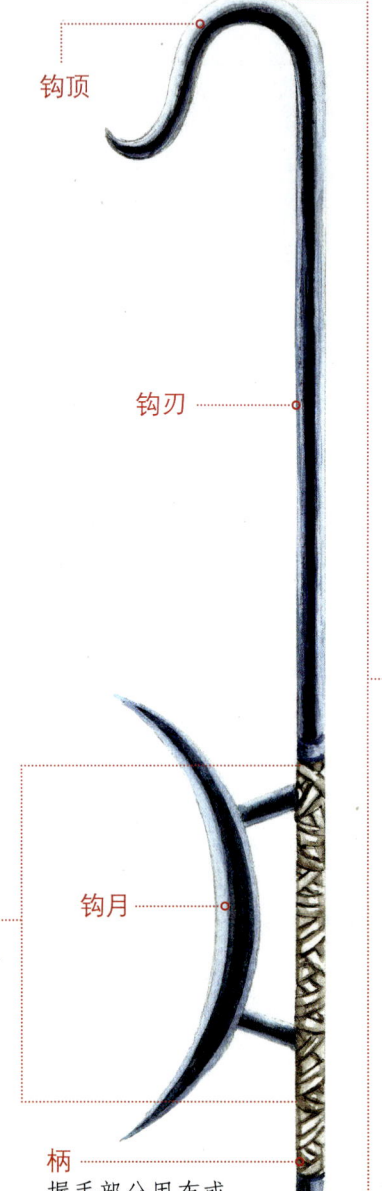

钩顶

钩刃

钩身

护手
月牙状护手也带有尖刃。

钩月

柄
握手部分用布或革缠绕。

钩尖
钩尖锋利

护手钩

护手钩是一种带有月牙状护手的钩，整件兵器都为金属制成。护手钩具有很强的杀伤力，可用两端锋尖扎刺敌人，也可与刀、剑等短兵器并用，起盾的作用，钩住敌人兵器使之不能施展，再用刀或剑攻击敌人。攻防兼备的护手钩也可双手并持，但如果使用不熟练，会对使用者造成伤害

拐

拐可看作一种带有把手的棒，主要流行于民间和武术界。短拐可双拐同使，也可作为其他短兵器的辅助兵器来使用。拐的手握部位多变，既可握于棒身部位，又可握把手，可打可戳，不仅可用棒把，还可用把手部分拦拐敌人兵器，令人难以防范。

丁字拐

在竖拐顶端有一横拐，整件兵器呈"丁"字形，故名

卜字拐

柄上端有一横拐，呈"卜"字形，故名

上下拐

在拐柄的左右各有一条突出的横柄，行成"上""下"之形，故名

扇

扇由扇面和扇骨组成。扇面为丝、绸、绢、纱等制成，扇骨为竹篾或钢、铁制。轻便的扇也可插于后衣领之内，用于武术技击的扇子多以铁扇为主，其边锋有锋利的刺刃。扇合拢如铁棍，可击可打，展开似刀，可砍、可劈，亦可上遮下挡以防暗器。

扇子比一般兵器简单，携带方便，可收拢藏于包内，也可插于腰间，它的特点是一物多用，即可扇风祛暑，又可防身御敌；技击刚柔相济，攻守兼备，变化多端。

铁扇

四 软兵器与暗器

软兵器和暗器是中国传统兵器中较为特殊的两类,多在特殊场合或时机运用。软兵器虽以"软"称之,但通过攻击部位的挥舞,打击力度更强。暗器的突出特点是隐蔽性和突然性,往往一击毙敌。

节棍

作为打击兵器的棍有一类属于软兵器，由古代敲打谷物的农业用具发展而来。其基本样式为几节坚硬、沉重的木棒或金属短棒，以锁链相连。此类兵器弯折较为自由，所以难以防御，是有效的攻击器械，守城和骑兵使用较多。

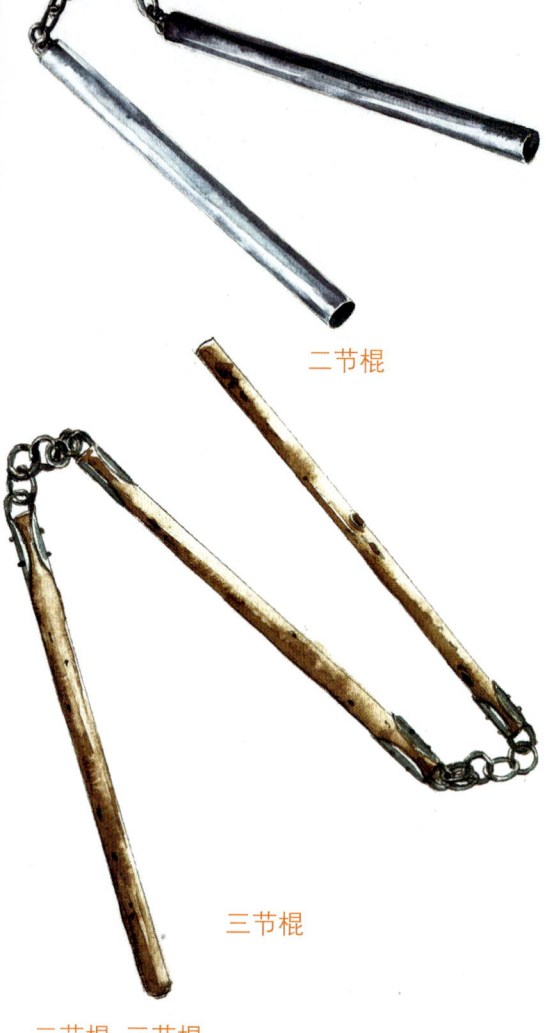

二节棍

三节棍

钢环
将长短两根棍用钢环连接

梢节
梢节又称"铁包头"，用上面较短的一节短棍甩动击敌

把节
末端较长的一节短棍，用于手持

梢子棍

梢子棍又名"链枷棍"，棍法有缠、绕、撩，能有效破解枪的劈、扎、刺，故有梢子棍破枪之说

二节棍 三节棍

棍类软兵器中较常见的还有二节棍、三节棍，多为武术中所用。

二节棍是由两条等长的短棍中间以铁环连接而成，棍短小精悍，可以折叠，集棍的刚猛与鞭的阴柔于一身，威力很大。可以双手并持。

三节棍由三条等长的短棍中间以铁环连接而成，三节相连，节节能用，可长可短，远近兼顾，软硬互具，变化多端

软鞭

鞭有软硬之分，软鞭泛指由鞭头、握把、若干铁节或数节棒棍以环相连制成的一类兵械。软鞭可长可短，平时携带方便。在技击上以抽打为主，借助手臂摇动和身体各部位的转带，增加惯性动力而改变圆心及方向。

软鞭晋代便已出现，可击、可缚，软硬兼施不易抵御。软鞭中有三节鞭、七节鞭、九节鞭、十节鞭、十三节鞭，其中七节、九节、十三节又常统称为"九节鞭"。软鞭中有一类单手使用，可与其他兵器配合。

明代三环铁鞭

元代铁鞭

明代七节鞭

明代七节鞭顶端节为鞭头，形状为圆锥形，其后有环，以铁环与下一节相连。最尾端一节为鞭把，多为圆柱形

袖箭

袖箭是可发射短箭的一类暗器,由于多藏于袖中,故名。发射装置为铜、铁所铸,圆筒状。筒内装有钢丝盘成的弹簧,袖箭便依靠弹簧的弹力发射,威力较大,飞行平稳。袖箭中只能发一箭的为单筒袖箭,亦有可连发数箭的。除了在战场上使用外,袖箭还是习武之人的防身利器。

箭镞
箭镞为梭形,十分锐利

筒顶
中央有一孔,由此装箭

蝴蝶片
筒旁有可活动的蝴蝶片。发射时拨开蝴蝶片,弹簧弹起

箭杆
箭杆短轻,用无节竹作料

弹簧
底部设弹簧,簧上有圆铁板

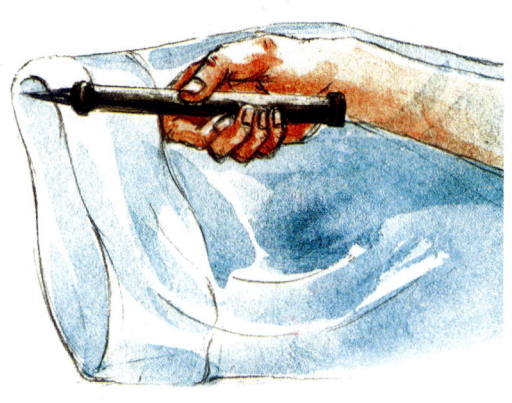

袖箭使用示意图

袖箭

袖箭比一般箭小,射程有限。扳机的开关在手易触及的地方,以控制箭的发射

匕首

匕首是一种形体较小的剑类兵器。原始社会使用的切削石器可视作匕首的最早形态。据传，尧、舜时已出现作为兵器使用的匕首。此后，匕首的材质经历了由石到青铜，再到钢铁的发展历程。历史上，军队中在装备常规兵器外，也常配有匕首作为防身自卫之用。火器普及后，匕首是仍然被继续使用的少数冷兵器之一。

匕首的长度多在20~30厘米之间，很少有超过40厘米的。由于器形短小，易于藏匿，是理想的暗杀武器。中国历史四大刺客中的专诸、荆轲便分别将匕首藏在鱼腹或卷成卷的地图里面，接近刺杀目标。

汉代，作为暗器的匕首的基本形制是直身、尖锋、两刃，后安短柄，柄首呈圆环形，柄与身之间有格，这种风格一直延续到清代。匕首主要通过锋刃伤人，常用技法有刺、扎、挑、抹、豁、格、剜、剪、带等，也可用投掷的方式来杀伤敌人。为了刺杀成功，行刺前还常对匕首进行染毒加工，以期达到伤人即亡的效果。在诸多暗器之中，匕首以出现早、使用时间长、效果好而被称为"暗器之王"。

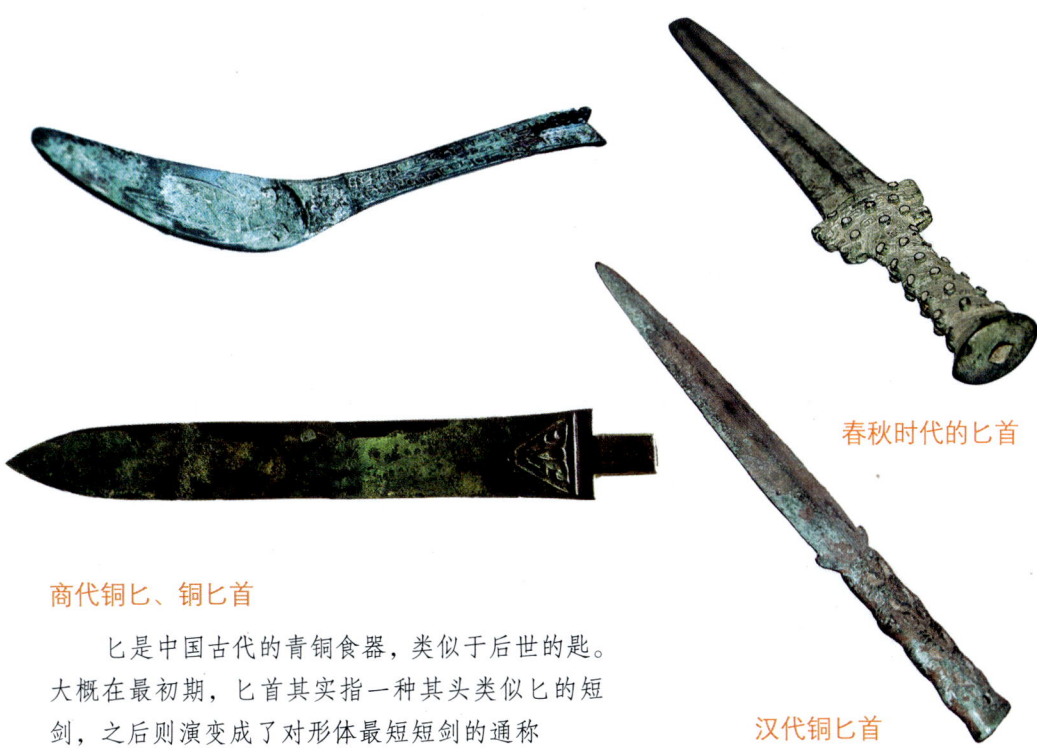

春秋时代的匕首

商代铜匕、铜匕首

匕是中国古代的青铜食器，类似于后世的匙。大概在最初期，匕首其实指一种其头类似匕的短剑，之后则演变成了对形体最短短剑的通称

汉代铜匕首

镖

镖主要指头呈尖状，通过掷射伤人的一类暗器，一般由铁、铜等金属制造，长短、轻重不一，宜近距离使用。此外，一些造型各异但也通过投掷伤人的暗器也被冠以镖的名字。

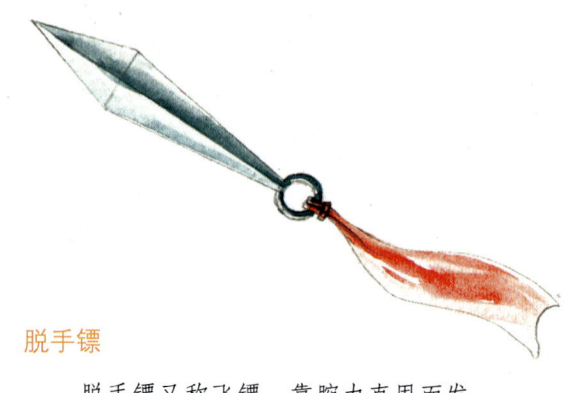

脱手镖

脱手镖又称飞镖，靠腕力直甩而发。镖身有棱、棒形等，但尖部皆锋利。脱手镖后端扎有称作镖衣的绸缎，其可使甩出的镖飞行稳定。脱手镖通常成套配备，每一套中必有一支比其他镖长而重，为关键时刻所用，称为"绝手镖"

金钱镖（古钱币）

金钱镖又名"罗汉钱"，是将古代常见的方孔钱圆边磨成刃角后制成的暗器。因容易制造和便于携带，运用较多。但受重量所限，金钱镖的威力对使用者腕力要求很高

绳镖

绳镖是一种将金属镖头系于长绳一端制成的兵器。绳镖既可掷抛远击，又可近击，具有携带方便、收缚隐蔽、打击突然等特点

 流星锤

流星锤是将金属锤头系于长绳或铁链一端或两端制成的软兵器，亦属于锁系暗器类。系一端者称"单流星"，系两端者称"双流星"。其锤有瓜形、棱形、圆形等。锤身末端有象鼻眼，用于串连环。

清代双流星锤

双流星锤由锤身、软索组成。锤的重量大小根据使锤者量力而定，但不宜过轻。粗大的飞锤在战场可对敌人心理产生极大威慑作用

单流星锤

单流星锤携带方便，平时将其盘在身上，用时一抽即出

飞爪是在系绳上拴有铁制钩爪的一种暗器。飞爪多带有两个钩爪，钩爪部被做成手掌的样式，爪尖异常锋利，抛出后若刺中敌人，就会紧紧抠住其盔甲、甚至皮肉，限制其活动。除有杀伤作用，索绳一端拴钩爪的飞爪也可用来攀越高墙等障碍物。

飞爪

五 火药与火器

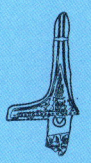

火药是中国古代的一项伟大发明。从宋代开始，火药被广泛运用于军事领域，出现了燃烧、爆炸、管状三大类火器，这是把化学力量和战争结合的早期尝试，近代枪炮的雏形大多在此时便已出现。随着火药在世界范围的传播，这场技术与战术革命的影响在不断扩大。

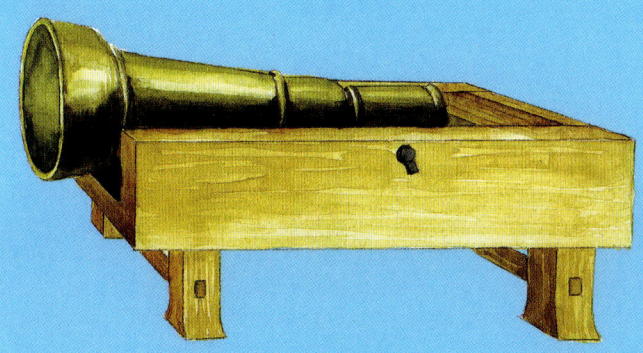

火药

火药是中国古代四大发明之一，以硝石、硫黄、木炭混合而成，点燃后能迅速燃烧或引发爆炸。因硝石、硫黄在中国古代都是药典中记录的药物，故称为火药。这类火药在今天称作"黑火药"，其组成物中的硫及炭用作还原剂，硝石用作氧化剂，三者相互作用时，引发剧烈的氧化反应，猛烈燃烧释放大量的气体和热量，在适当的情况下可引发爆炸。在以硝化棉为主要原料的现代火药诞生之前，黑火药是人类掌握的唯一爆炸原料。

秦汉时期，帝王贵胄为求不死，命方士炼制长生金丹，方士在尝试了大量原料后，从各类失败的燃烧爆炸丹方中总结经验，逐渐发现了硫、硝的性质，至唐代，含硝、硫、炭的黑火药便已出现。

火药发明后的10～14世纪战争频繁，用于军事的火器随之出现。宋人路振写的《九国志》里有这样一段记载：唐哀宗天祐四年（907），郑璠攻打豫章城（今江西南昌），他命令士兵"发机飞火"，烧毁城门，此事被认为是火药兵器较早运用的战例。

北宋，在王安石"强兵御敌"政策的影响下，火器的应用和创造得以迅速发展，在东京汴梁（今河南开封）还开设有专门生产火药的工厂。南宋后期，由于火药性能的提高，出现了以火药为能源的弹丸发射器。

元代，在以往的火药技术基础上，制成了把火药和弹丸装在金属管筒内来发射的远射性火器，出现了具有现代枪械意义雏形的新式兵器——火铳。元末明初，明太祖朱元璋较多地使用了火铳作战，广泛用于陆战攻坚与水战之中。朱元璋统一天下后，明军的主力普遍装备了火器。明成祖还组建了全部用火器武装起来的特殊部队——神机营。明代中期，传承旧制的火药兵器没有大的突破，直到欧洲先进的枪和炮制造技术传到中国，明代的远射兵器才获得了很大发展，改善了军队的装备。明天启六年(1626)，宁远战役中，明将袁崇焕便用由荷兰人传来的"红夷炮"击败后金（1636年改国号为"大清"）军队。努尔哈赤也在此役中被红夷炮击成重伤，不久死去。

尝尽明军火炮苦头的清兵也开始了火器的生产。崇祯六年(1633)，一支装备大量精良西洋火器及具备铸弹制药技术的明军投降后金，使后金组建了一支无坚不摧的劲旅。清军入关后，火器仍有发展。康熙年间，火器的生产规模、质量、工艺都达到很高水平，但较明朝火器发展的巅峰仍有差距。清中期后，火器技术故步自封，既不提倡改革，又排斥外来技术，火器发展渐趋停滞。鸦

片战争时期，清政府又开始赶制火器，但仍沿袭旧制，远远落后于西方列强的新式装备。

15至16世纪，中国的火器发展日趋缓慢，而欧洲对从东方传播过来的火药加以改进，发明了威力更大的火炮和火铳，通过开通的贸易之路，返回输入了明代的中国，并成为明军的主力兵器。

火药与火器的传播示意图

宋朝灭亡后，许多难民逃往东南亚，这其中便有掌握当时先进火药和火器制造技术的技术人员。在明代，东南亚是东西方贸易的大动脉，欧洲的火器也较早传到这里。明朝永乐八年（1410）征交趾（今越南）时，明军得神机枪炮法始建神机营。

元代，火药与火器传到朝鲜半岛，并传向日本。但同西亚、欧洲等地相比，此时的东亚火器仍处于较低的水平。明朝对火器制造方法保密，使朝鲜、日本地区没有得到这方面的技术改进。但16世纪的日本处于群雄割据的时期，西方的火绳铳传到日本以后发展很快。

火药的传播

在两宋和西亚频繁的贸易往来中，炼丹术和硝石传入阿拉伯地区。13世纪，蒙古族的大规模扩张行动又把火药和火器向西方传播，通过伊斯兰世界传到了欧洲大陆

燃烧类火器

国粹图典 兵器

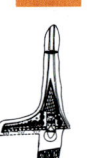

最早的火器大多利用火药的引燃与延烧性能，这既是对古代战争中火攻传统的延续，又因火药的燃烧性能最易被人所认知。燃烧类火器名目繁多，除了燃烧的主要功能外，还兼有制造烟幕、放毒、杀伤、阻碍敌方等作用。这类火器都要借助外力送达目标才能产生效果，故多带有引信。按其使用方法不同分为火箭、火枪、火球几类。燃烧类火器虽然逐渐被爆炸类和管状类火器所取代，但至明清仍在使用。

火箭

最早的火箭是在箭头上绑缚易燃植物，点燃后用弓弩发射用以纵火。而以火药做燃料的火箭是依靠自身向后喷射火药燃气的反作用力飞向目标的兵器。有的在燃料筒里掺加燃烧剂或毒药，在命中目标时，还具有火焰喷射和毒气攻击的效果。

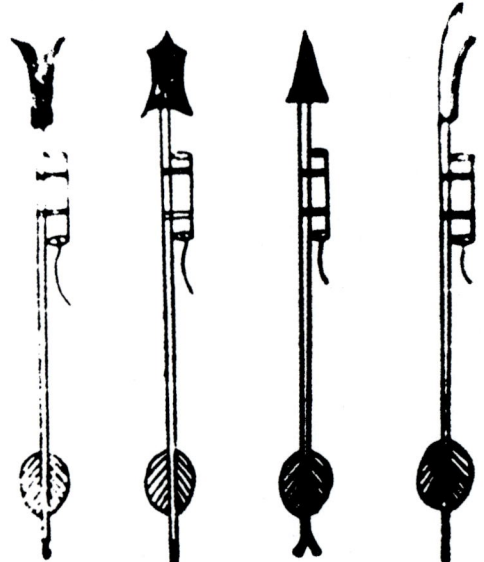

单发火箭

明代火箭种类众多，其中点燃一次药线发射一支箭的单发火箭的头部便装有刀、枪、剑、铲等杀伤刃具

火药筒
用药线引燃火药发射，也可借助弓弩之力射出

用箭翎和箭尾上的配重铁块稳定飞行姿态，以箭头伤敌

神火飞鸦

　　神火飞鸦是一种多火药筒并联的火箭。火药筒并联火箭是火箭技术的一大改进，可增大射程、增加投送火药的重量。但神鸟飞鸦因各火药筒推力大小不一、点火有先后的差异，常发射失败，故没有成为主力兵器

动力装置
鸦身两侧有四枚带羽毛箭翎，装有火药推进用"起火"。"起火"的药筒底部和鸦身内的火药用药线相连

杀伤部
内部填充火药，作战时，用"起火"的推力将飞鸦射出，"起火"的火药燃尽后，飞鸦内部装的火药被点燃

外形
其外形如乌鸦，骨架用细竹或芦苇编成

杀伤部
火龙腹内装火箭数枝，火箭药线与四个火药筒的药线相连

龙体
用竹五尺，去节，刮薄，前用木雕成龙头，龙头上留眼，后雕龙尾。采用"火龙"这种形式的目的在于壮声威、惊敌人

动力装置
龙头下面、龙尾两侧各装一个火药筒，是其动力所在

火龙出水

　　古代中国发明的一种多级火箭。竹筒制的龙身内装有火箭，外装"起火"。"起火"燃尽时又点燃龙身内的火箭，于是火箭再次射出

火枪

　　火枪是在传统长矛上拴绑燃料筒的兵器。使用时，先点燃喷筒中的火药以喷发火焰烧灼敌人，再用枪锋刺杀。南宋时火枪盛行，多用于城防战中。金国也大量制造火枪，并称之为"飞火枪"。明清时期，火枪仍在使用，喷火筒由纸卷改用铁质材料。筒里除装火药，还混有铁滓、砒霜等物，在火焰烧杀敌人的同时，附加迷眼、毒气等杀伤效果

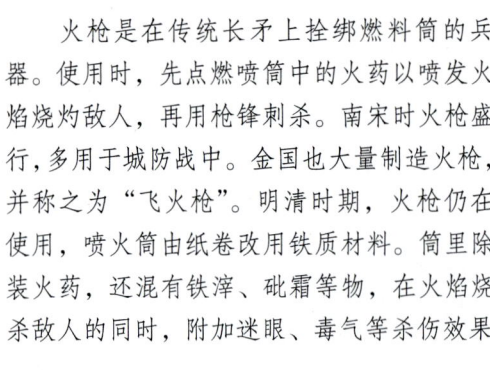

燃料筒

枪身

飞火枪

棉帘
在架火战车的发射筒上方有一棉帘。冲锋或转移阵地时，为了防止敌人的破坏，可将棉帘放下

外形
利用独轮车装载和发射火箭

配套武器
在车的两侧还装有火铳和长矛各两支，可在冲锋时使用，也可在近战中用以自卫

明代架火战车

　　明代已出现多管"火箭炮"架火战车。其造型简单，体轻灵活，使用、转移方便，三人即可操作。其中一人负责瞄准及推车，其他两人负责装填弹药和点火。使用时将几架架火战车排成队列，火箭一次齐射，对敌人的杀伤及威胁更大

杀伤部
独轮车上装有有六个长方形箱体的火箭发射器，排列成上、下两行。将火箭预先装在发射筒内，火箭的引火线都连在一起，形成引火总线

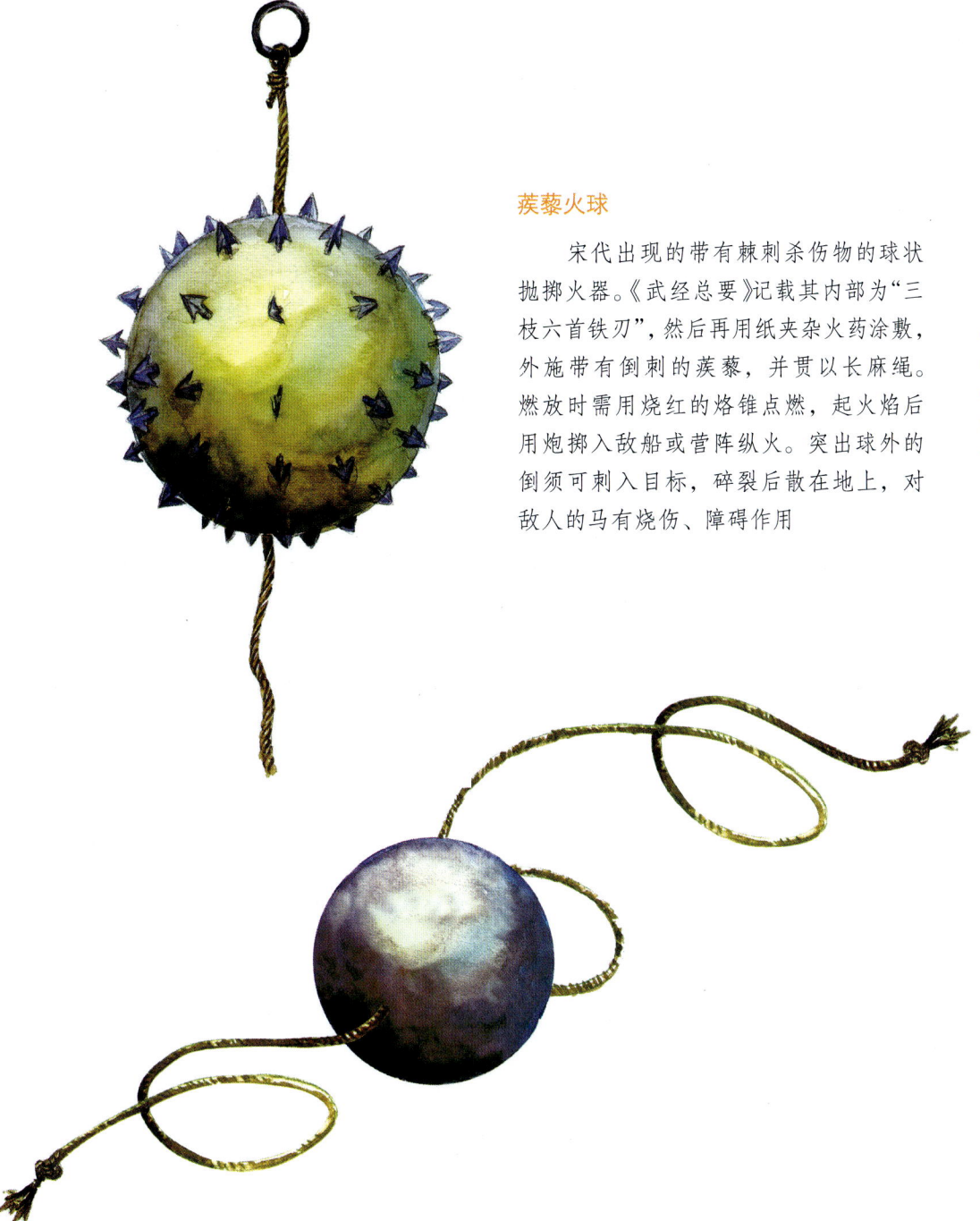

蒺藜火球

宋代出现的带有棘刺杀伤物的球状抛掷火器。《武经总要》记载其内部为"三枝六首铁刃",然后再用纸夹杂火药涂敷,外施带有倒刺的蒺藜,并贯以长麻绳。燃放时需用烧红的烙锥点燃,起火焰后用炮掷入敌船或营阵纵火。突出球外的倒须可刺入目标,碎裂后散在地上,对敌人的马有烧伤、障碍作用

毒药烟球

一种可散放毒烟的球状抛掷火器。据《武经总要》记载,其配方在组成火药的三种主要成分硝、硫、炭外,加入巴豆、狼毒、草乌头、砒霜等含毒物质,装填在球状物内,中间穿一根麻绳,并在球的外层涂刷上沥青、蜡等物,以防潮和加固外壳。点燃后,毒药烟球逐层燃烧,并能产生大量有毒浓烟,可阻敌行动,若敌人吸入过多的毒气,还有生命之虞

明代北京保卫战

明代土木堡之变使明军精锐损失殆尽，连英宗皇帝也被瓦剌人俘虏。此役之后，瓦剌大军直逼京师北京而来。守卫京师的于谦鉴于瓦剌军擅长骑射和野外作战，缺乏攻城火器的特点，以城池为依靠，发挥自己火器多、装备精良的优势与敌周旋，取得了北京保卫战的胜利

爆炸类火器

图国典粹 兵器

从燃烧类火器发展到爆炸类火器是火药发展的一大进步，这需要对火药的配方加以改进，更好地控制火药粒度，提高火器的密封和引爆技术。

爆炸类的火器通常由雷壳、装药和引爆装置组成，靠火药的爆炸力产生的碎片来破坏城池、杀伤敌人，主要采用陶、石、金属等较为坚硬的材质。早期出现的爆炸类火器多用于近战，此后应用的领域逐渐扩展到地下、水中，最终形成炸弹、地雷和水雷三大类。原来燃烧类的火器也被改造成爆炸类火器，大大提升了杀伤力。

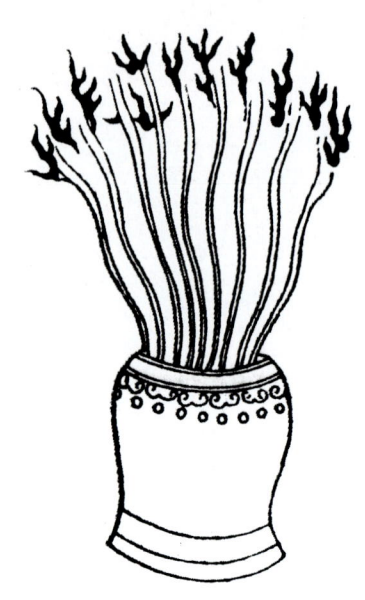

万火飞砂神炮

将经过烧酒炒炼过的石灰末、砒霜、皂角等十四种药料制成飞砂药，配以火药盛于陶瓷罐内。攻城战中，点燃引信后将瓷罐投向城下，火发罐破，烟雾弥漫，遮障敌人耳目。这类火器在宋、元、明、清各代应用很普遍

万人敌

明末出现的一种燃烧性火器。制作方法是将中空的泥团充分干燥后，打出小洞，填入火药球。由于外壳采用易碎的泥土，增加了存放、搬运的危险，因此为了安全，用箱形木框把"万人敌"围装起来。在敌人攻城时，点燃药线，抛掷城外，火焰四面喷射，并使其不断旋转，烧灼敌军。宋应星称它为"守城第一器"

《天工开物》中表现"万人敌"使用状况的场面

爆炸类火器的分类

类别	使用	时期
炸弹类火器	指用于投掷的爆炸类火器，主要由燃烧类火器演变而来，炸弹中近似手榴弹一类的小型炸弹使用较多	北宋时期出现了此类火器的记载
地雷类火器	利用布设在地下的炸药的攻击力来阻止敌人进攻的一种兵器。埋在地下的地雷常被加以伪装，使敌人难以发现，能对敌人产生极大的威慑力	出现于明代
水雷	可视作在水上或水下使用的炸弹。明代水雷发展较快，分别采用了定时发火装置、拉火装置等，其作用近似现代的漂雷、沉雷	出现于明代

震天雷

震天雷是北宋时期发展出的爆炸类火器。在铸铁容器里装上火药，容器有葫芦形、球形、扣碗形、罐形等，但都身粗口细，内连引信。使用时根据目标远近决定引线的长短。引爆后能将生铁外壳炸成碎片，能打穿铁甲。震天雷在爆炸的瞬间能发出雷一般的巨响，这种爆炸声对敌军尤其是马匹具有极大的威慑力。

各式震天雷

地雷引爆装置

触发

在地面设置引线，敌人触动后，牵动火种，引发地雷。

拉发

在地雷中设置火种，敌人进入地雷圈后，由士兵拉动相连的绳索，使火种引爆火药。

燃发

在地雷上安装长长的药线，药线通过竹管埋入地下，由士兵待敌人接近后点燃药线引发地雷。

地雷构造示意图

钢轮发火原理

这是一套机械点火装置，打火和现代日常用的打火机的原理相似。在导火线顶端装置钢轮和燧石，敌人触动引线后，重锤下降，钢轮转动，摩擦燧石打出火星，使导火线燃烧，引起地雷爆炸。

引线 ······ 火线

万弹地雷炮
用一口大坛装满炸药，再用土将坛口填紧，留一小眼装引信埋于地下。火线上安设"自犯钢轮"。当行进中的敌人脚碰绊索时，钢轮自动打火点燃火线，使地雷爆炸，杀伤敌军人马

钢轮
火石

坠石

自动发火装置

冲阵火牛

　　古代常利用牛排列成方阵，在每头牛的两侧绑两条直杆，使它不能转身回跑，牛身之上再绑系尖锐利器，然后将牛尾点火。牛由于疼痛疯狂地窜入前方的敌阵，冲垮敌军。火器盛行的明代，人们利用火药燃烧和爆破性能，增强了冲阵火牛的威力。这类火器在明《武备志》中便有记载

伏地冲天雷

　　壳用铁制成，内装火药，上佯插兵器，敌摇刀或拔刀杆则爆

炸炮

　　在铸铁球状容器里装上填满炸药的炸弹，按几个或十几个为一组挂在去了节的通心竹竿上。竹竿里穿上导火线，竹竿两端装有一踏就点火的轮式连锁点火装置

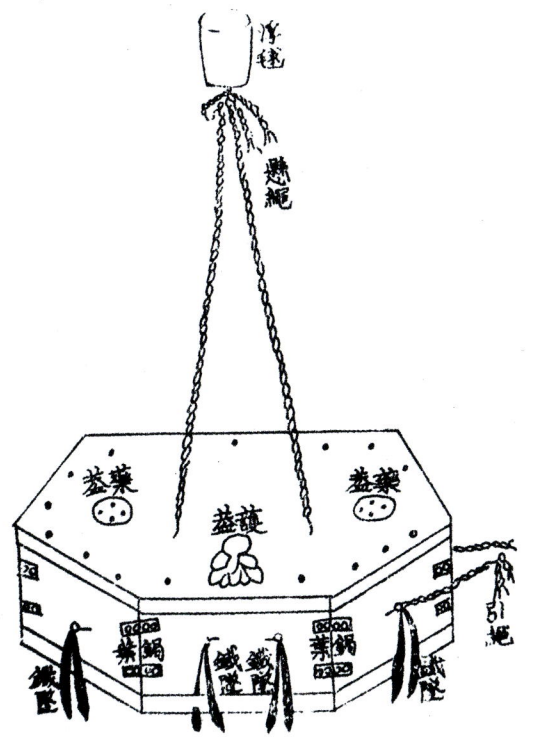

水底雷

世界上最早的水雷,是明代嘉靖年间唐顺之《武编》中所记载的水底雷。它使用一个经过防水处理的木箱,内装火药和点火装置拉绳,用锚使之沉入水中。当敌船驶近时,岸上的人拉动绳索引爆,从水中给予敌人突然的攻击

混江龙

混江龙与龙王炮构造相似,但点火方式不同。混江龙在点火装置上拴一根长绳,发现敌人靠近时,拉动引爆长绳,使炸弹点火爆炸;或者预先把引爆长绳拉在两岸上,敌船触绳即点火爆炸

龙王炮

龙王炮是世界上最早的以线香为引信的定时爆炸水雷,出现于明代万历年间。龙王炮爆炸物底部为球形,用熟铁打造,内盛火药,炮口安设香头充做引信,香头的长短根据漂流时间决定。外裹牛革制的袋子,为了防止水浸入袋内使火药受潮,牛革袋外表涂油。为了保持袋里有足量的空气以免火种熄灭,用羊肠线接到插有雁翎伪装的另一个木筏上。然后,将龙王炮绑在木排下面,系上坠石,使炮浮于水中。利用黑夜,从上游放向敌船或水寨。接近敌舰时,香尽火发引爆水雷。

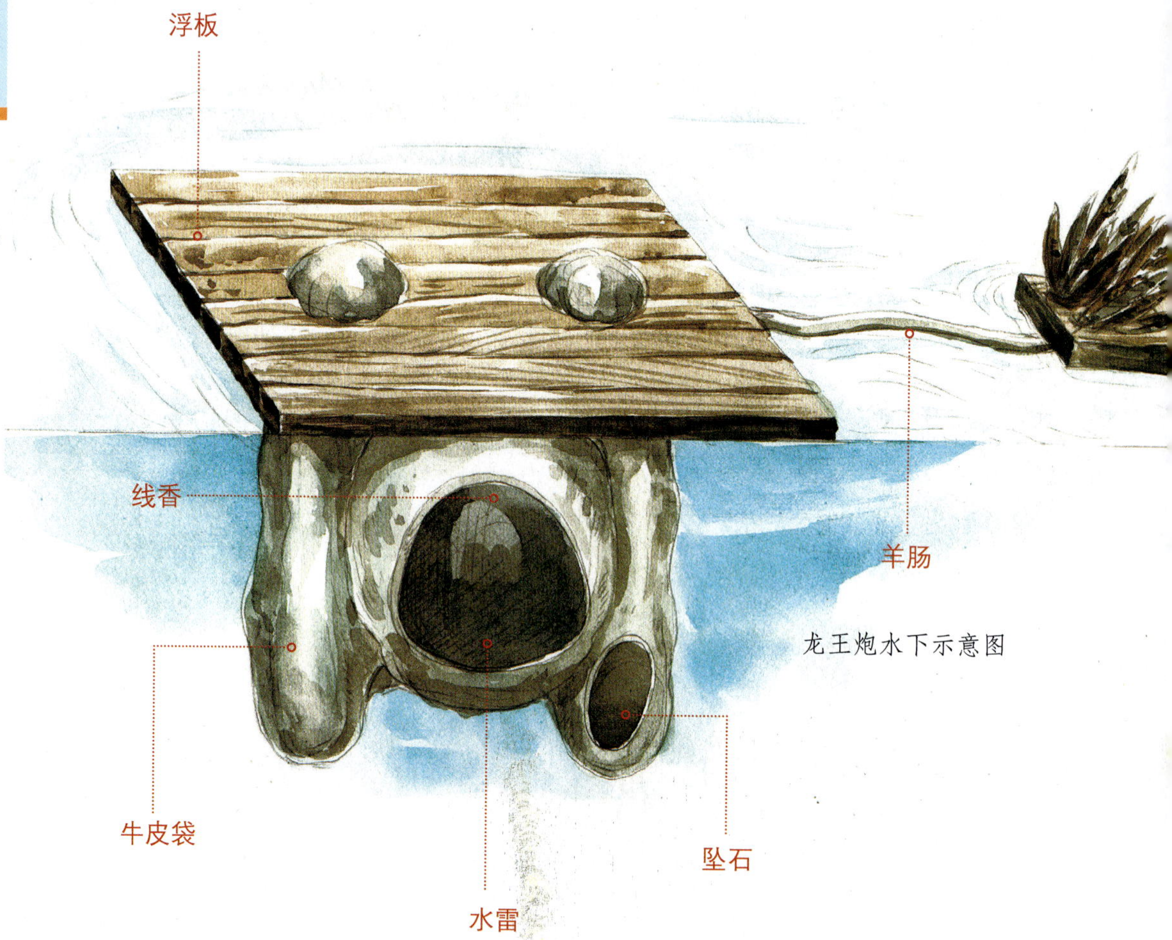

浮板

线香

羊肠

龙王炮水下示意图

牛皮袋

坠石

水雷

龙王炮结构示意图

管状类火器

管状类火器是靠火药燃烧气体的能量把弹丸从管状枪身弹射出去的火器，现代意义上的枪和炮皆属此类。管状类火器能使燃烧和爆炸类火器射向预定目标进行准确的攻击，能避免火器的浪费，取得最佳的战斗效果。管状类火器自宋代出现以后，常常成为战役成败的关键，因此历代皆十分重视此类火器的发展。至明代，管状火器定型为火炮、鸟铳两大类。

火炮是一种口径和重量都较大的金属管形射击火器，由身管、药室、炮尾等部分构成，用来发射铁弹、铅弹和爆炸弹等。火炮具有强大的破坏威力，能够摧毁敌军的战斗工具和军事设施，有效地杀伤敌军有生力量。火炮种类较多，按装填方式区分有前装炮和后装炮，其中以前装炮为主。鸟铳是一种便携的管状火器，与火炮的操纵需要数人的协同配合不同，单兵即可使用，集结成阵对敌人也有很大的杀伤力。

但纵观中国古代的管状火器，由于受科学技术水平的限制，其发展十分缓慢，性能与使用也有若干局限性，如只能进行平射，射程有限，远射精确度不高；操作麻烦，耗时较多，施放时需要装药、填实、装弹、封口、点火等几个步骤；初期的管状火器都是用竹筒或纸筒制成，容易被烧毁，元代以后虽普遍采用金属制作，但也存在高温炸裂的危险。清代在天下初定之后，对火器的制造更是大为减少，冷兵器仍是装备军队的主要武器，直到清末，管状火器都未有大的发展。

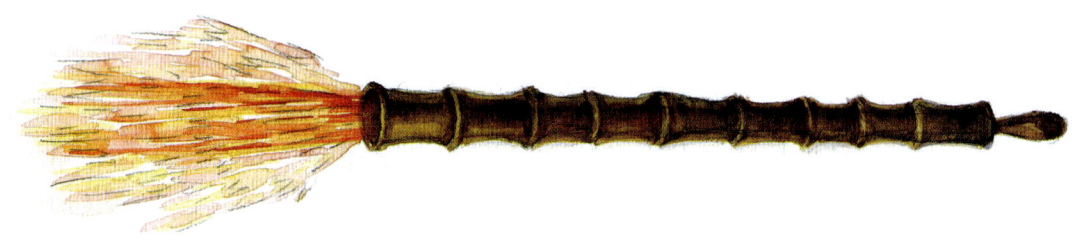

突火枪

突火枪以巨竹为筒，威力、射程加大，而且增加了"子窠"。子窠由瓷片、碎铁、石子组成，在火药喷发时，将子窠发出，打向目标，是最原始的子弹。

毒药喷筒

竹筒内装药，制作时先装炭多硝少的燃烧剂，再装喷射药，然后装毒药饼，反复装填五层。装药量有严格的尺度，过多会炸裂竹筒，过少则喷射无力，适当则可将火药喷射至数十丈外。水战中若击中船篷、船帆等目标，可将其焚烧，散放毒烟能致敌人中毒身亡

满天喷筒

满天喷筒主要用于守城，用二节竹管为筒身，内装火药、砒霜等发火与致毒物质，筒外用布裹扎，制成后绑于长枪头上。作战时，士兵将筒内火药点燃，烧灼和毒杀敌军

毒龙神火喷筒

毒龙神火喷筒是专门用于攻城的高射喷筒，装毒药和足以灼伤人畜的火药，制成后悬挂于特制的高杆顶端。攻城时，令士兵持至城上垛口，点着筒内火药，乘风喷火，烟焰、毒剂所到之处，使守城士兵被烧伤、中毒，攻城士兵乘机攻入敌城

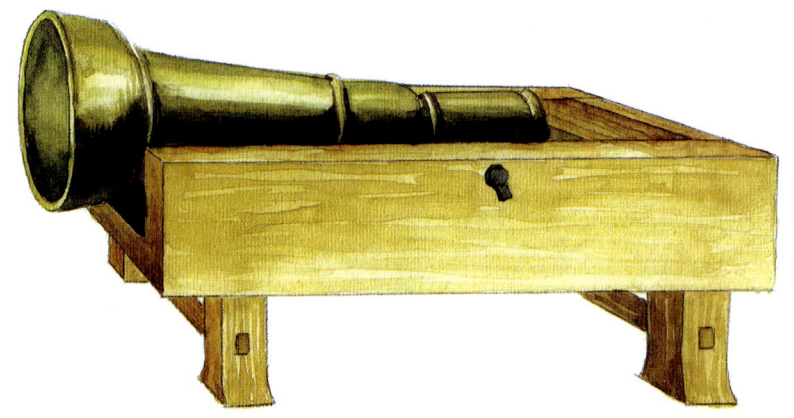

火铳

早期的金属管形射击火器。其身管以铜铸造，能承受更大的膛压。出现于元代，沿用"火筒"之称，称为"火铳"。元文宗至顺三年(1332)的铜火铳上有铭文"至顺三年二月十四日绥边讨寇军第三百号马山"，这是举世公认的最古老的铜制管状火器。明代洪武年间又出现了铁制火铳，较铜火铳更为坚硬。此后，大口径的重型管形射击火器称作"炮"，而"铳"越来越多地被用于指称小口径、手持使用的轻型管形射击火器

明洪武时期手铳

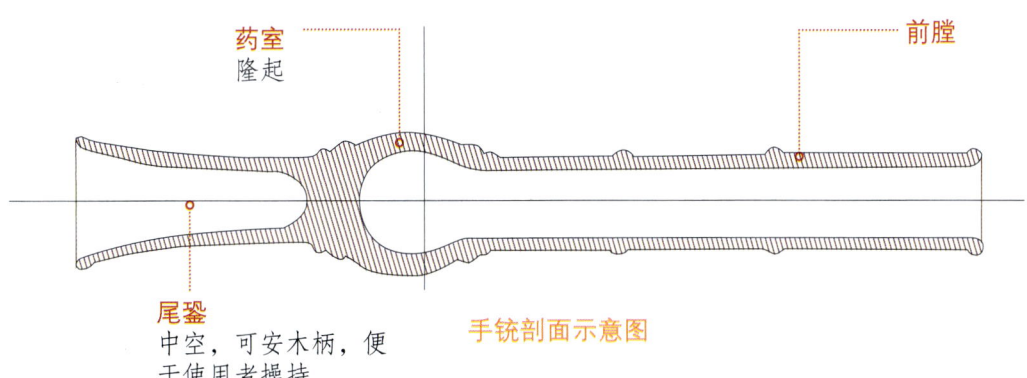

手铳剖面示意图

手铳

手铳又称手把铜铳、手把铁铳、无敌手铳、单眼铳，是一种手持单筒火铳，由前膛、药室和尾銎构成。从铳口装填火药，发射石或铁质的散弹，有时也发射箭镞。明代初期，手铳的使用较多，洪武时期制造的手铳工艺精细，规格相对统一。永乐时期制造的手铳又有较大改进，有的火门外安有活动盖，并增配了一个定量装填火药前膛呈直筒形的小药室，以保证火铳的发射威力和安全；在外形上也与洪武时期的手铳有所不同

三眼铳

  三眼铳又称三管铳，是一种手持三管火铳。三眼铳约出现于明代嘉靖年间，由三个平行的铳管和一个共用的尾銎构成。铳管上有多道固箍，尾銎中可安插手柄，以便手持。三眼铳多为铁制，形制大体有两种：一种是整体铸成铳管，内含三个铳膛，药室部相通，点火后三管齐射；另一种是先分别铸成三个铳管，再用铁箍固定在一起，药室各不相通，发射时依次点火，弹丸相继射出。三眼铳多为北方骑兵和守边部队使用，既可在较远距离射击敌军，又可在近战中锤击敌人

十眼铳

  十眼铳是一种手持单管十连发火铳。铳管用熟铁制造，分成十节。每节管壁各有一个火门，内装火药与弹丸一枚，节间用厚纸隔开。发射时，依次点燃五枚后，再调转铳管，采用同样的方法，将其余五发弹丸先后射出。十眼铳是提高火铳射速的一种尝试，但枪身长度较短，所以射程近，威力较小，运用不多

鸟铳

  鸟铳是明代对来自欧洲的火绳枪和燧发枪的统称，"即飞鸟之在林，皆可射落，因是得名"。又因其枪机端部形似鸟嘴，故又名"鸟嘴铳""鸟枪"。它的结构和外形已接近近代步枪，是近代步枪的雏形。

  明代，鸟铳的传入引起了军队装备的重大变化，很快就成为装备明清军队的主要轻型火器之一。但鸟铳存在火绳淋湿时不能使用、发射间隔较长、射程有限等不足之处。第一次鸦片战争后，欧洲的后装线膛击针式步枪传入中国，鸟铳遂被淘汰

手铳与鸟铳的比较

	手铳	鸟铳
发火方式	用手持火绳点火	采用枪机发火，既简化了射击动作，又可用两手稳定持枪瞄准射击
弹丸	发射大小不一的散弹	发射与口径吻合的圆铅弹，更能防止火药燃气外泄，并在飞行时形成有规律的弹道
握持方式	后装直形木柄	枪柄多为曲形木托，比手铳的直形木柄更利于握持和瞄准
身管	粗重	身管较长，口径较小，脊部加设准星和照门。在射程、射击精度和侵彻力（贯穿力）等方面都有明显的提高

火绳枪的撞击方式

火绳枪射击时，需打开火门盖，点燃火绳，扣动扳机后，燃烧着的火绳顶端插入药池中的引火药，引燃发射

《皇朝礼器图式》中的兵丁鸟枪

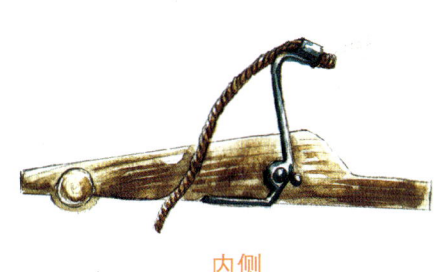

内侧

外侧

《天工开物》中的鸟铳图

鸟铳射击过程

明代，最初仿制的鸟铳均为前装、滑膛、火绳枪机。铳管用铁制，底部有火孔与盛引火药的药池相连，池上覆有铜盖可遮挡风雨。通条置于铳管下面的木托上，用以填药送弹。铳管底部以螺栓封固，便于取开擦洗铳管。每名鸟铳手配备两个药罐，分别装发射药和引火药，并配有弹丸若干。

② 压火

用随枪的溯杖将膛内火药压实压紧

① 装药

将发射火药从铳口倒入铳膛，每发射一发弹都要装填一次。由于前装弹药的限制，铳的发射药使用粒状火药

③ 装弹

取出弹丸装入铳膛，然后用通条将弹丸压入火药中

④ 装门药

将发药罐中的火药倒入药室的火门内，把药室填满，使之与铳膛内的火药相连，而后将火门盖盖上，以防潮湿

⑤ 装火绳

将火绳装入扳机的龙头式夹钳内，准备点火，这时即已准备完毕，射手处于待发状态

鸟铳战术

鸟铳发射间隔时间较长，所以需要一定的战术，一般不单独射击，而是组成队列，轮流上药、射击，以保持火力不中断。发射时一般取立姿或跪姿。与弩不同，弩为了节省时间，可分为射手、传递手和装填手，鸟铳只能一人完成整个操作，以免传递过程中走火爆炸。

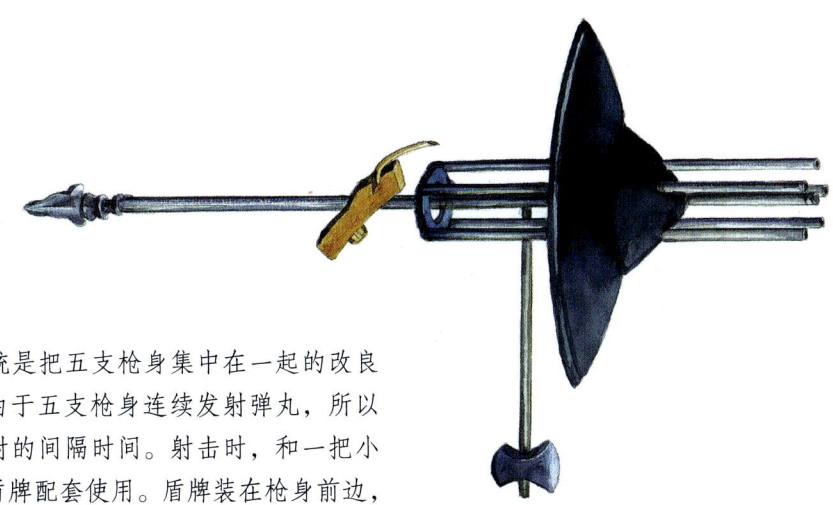

迅雷铳

迅雷铳是把五支枪身集中在一起的改良型鸟铳。由于五支枪身连续发射弹丸，所以缩短了发射的间隔时间。射击时，和一把小斧及圆形盾牌配套使用。盾牌装在枪身前边，用以遮挡强风；为使枪身稳定，把斧子扎在地面上，当枪架使用。用火绳点火后，五支枪身就顺次发射弹丸。五发射击完毕后，如果来不及装填弹丸，就把枪反过来，用后端的枪尖作战

奇枪

　　奇枪是清代前期制造的一种后装火绳枪。结构特点是枪管底部贯通,用以装填子枪。子枪为一管形铸铁壳,有底,底侧有火孔,内装弹药。装填时,先将枪柄打开,将子枪推入后膛,使子枪的火孔与火绳枪机的火门相通,再将枪柄闭合,并用铁钥固定。奇枪可配多枚子枪,这样便提高了射速,是清代较为先进的轻型火器

佛郎机

　　佛郎机是由葡萄牙传入中国的后装火炮。和中国以往的炮相比,其口径和炮身长度的比值比较大。由于炮身并不是扩展形状,所以能有效地利用火药燃烧产生的强大气体,从而使发射出去的弹丸具有相当大的杀伤力。

　　明嘉靖时开始仿制佛郎机,以后制造规模更大,并根据实际需要对佛郎机进行了改进。明军在水战、陆战中都使用佛郎机,发挥了其迅捷及命中率较高的优点,射击城墙或攻城兵器时使用的是实心弹丸,射击敌人时则使用小型的霰弹

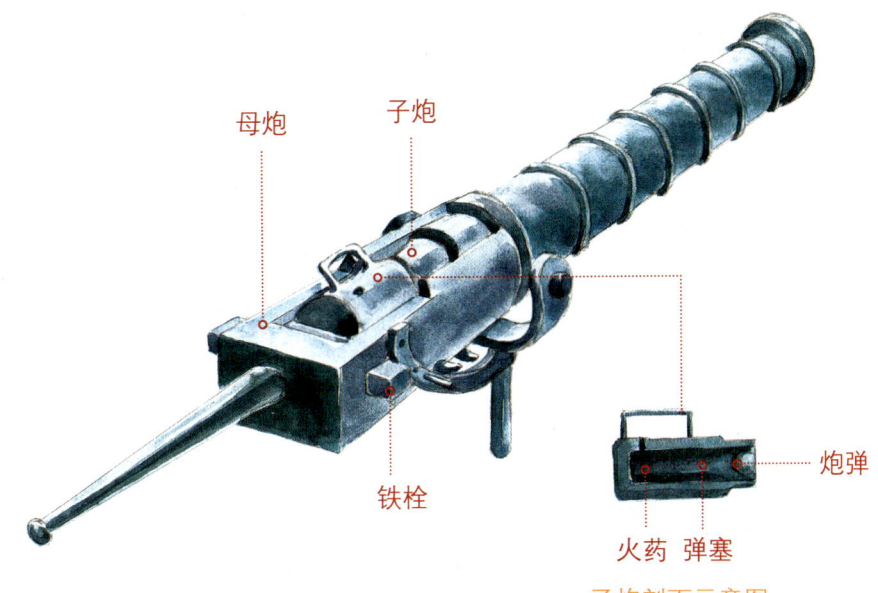

母炮　子炮

铁栓

炮弹

火药　弹塞

佛郎机结构示意图

子炮剖面示意图

　　佛郎机与中国传统火炮不同的地方在于炮身是由母炮和子炮两部分构成。母炮的后部有"巨腹",腹上开有长孔,供安放子炮。子炮预先装填弹药,战时轮流发射,减少传统火炮装弹药的时间,提高了火炮的射速。炮身铸有准星和照门,可以瞄准射击。炮身还铸有炮耳,可以灵活地调整射击角度。水平射击时射击距离在500米左右;以45度仰角发射时,可达1000米。为防止母炮和子炮之间产生间隙而导致点火时漏气使子炮脱落,常常使用铁栓等物把子炮固定起来

虎蹲炮

　　虎蹲炮是明嘉靖年间出现的火炮。此时在东南沿海抗倭战争中,由于佛郎机等火炮过于沉重,不便携带,且后坐力大,发射后跳动会伤人,故发明了虎蹲炮。虎蹲炮放置在地上时半蹲半卧,很像猛虎蹲坐的样子,故名。内装每颗重五钱的铅子或石块100枚,上面再加一发30两重的大铅子或石子一齐发射。发射时用铁钉将炮身固定在地上,防止跳动。虎蹲炮重36斤,身长二尺,射程虽不远,但机动灵活,适于山地作战,曾大量装备作战部队

红夷炮

红夷炮是明代对从欧洲传入的大型前装火炮的通称。中国此前自制的大炮从威力、射程、使用寿命上皆无法和红夷炮相比。这种威力巨大的火炮,在实战中发挥了很大作用,很多被冠以"将军"的称号。清代仍大量使用红夷炮,因忌讳"夷"字,改称"红衣炮"。

红夷炮的炮身为铜铸或铁铸,身管内是滑膛,铸造时以火炮口径为基数,按比例推算火炮的长短、大小和管壁的厚薄。故口径较大者管壁较厚,从炮口至炮尾逐渐加厚,以便承受较大的膛压。炮管容纳火药数升,并杂以碎铁碎铅,堵以与口径吻合的圆形主弹。除主弹对准主要目标起攻坚作用外,其散弹则加强对周围目标的杀伤力。中部有炮耳,架设时保持炮身的平稳,并可上下俯仰,以控制射程。射击时,先把根据射击距离调整好的火药袋装入炮身里,然后填装弹丸,再调节好射击角度,点燃位于炮尾的火门,发射弹丸。

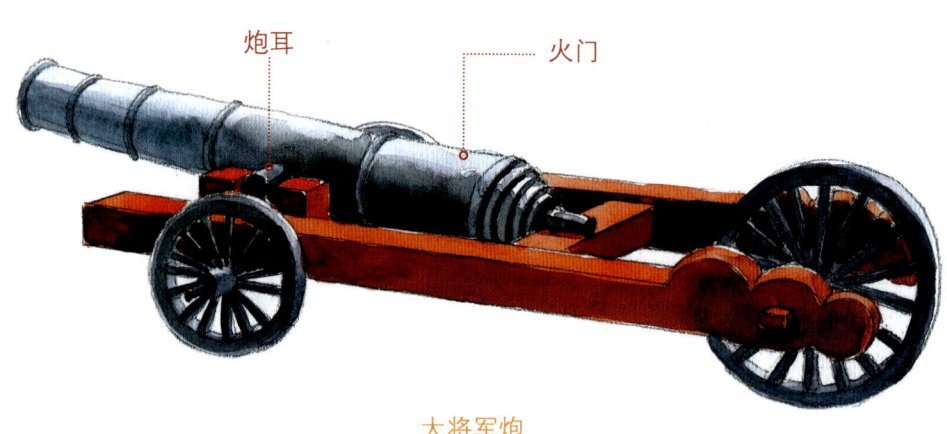

大将军炮

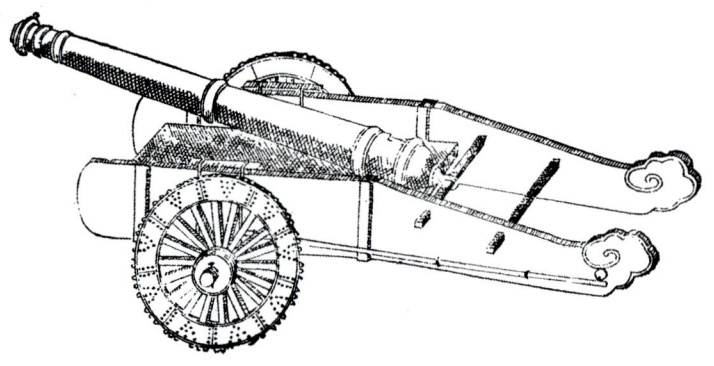

清代《清会典图》中的制胜将军炮

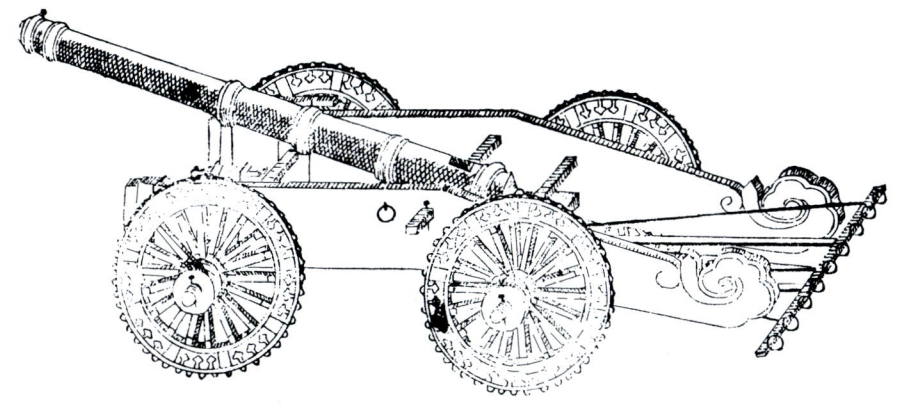

清代《清会典图》中的神威大将军炮

神威无敌大将军炮

　　神威无敌大将军炮为铜质，清康熙十五年（1676）造，上有铭文："大清康熙十五年三月二日造"，在两次雅克萨攻城战中发挥了巨大的作用。炮重1137公斤，炮身长2.48米，口径110毫米。筒形炮身，前细后粗，上面有五道箍，两侧有耳，尾部有球冠。炮口与底部正上方有星、斗供瞄准用。火门为长方形，每次发射装填1.5～2公斤火药，炮弹重3～4公斤。该炮用木制炮车装载，多用于攻守城寨和野战

威远将军炮

威远将军炮是大口径短身管的前装臼炮,清康熙二十九年(1690)制造,封为"威远将军"。铜质,前粗后敛,形如仰钟,以四轮木质炮车承载,发射爆炸弹。炮膛明显分为前膛和药室两部分。使用方法是,先将火药装入药室,然后将炮弹放入前膛,弹外隔一层湿土,再用火药填实,最后蜡封炮口。炮弹与大炮的药线缚在一处,引燃后,大炮先响,将炮弹打出,爆碎伤人,杀伤能力比实心炮弹大。康熙三十五年(1696),为平息准噶尔部叛乱,康熙帝亲率三路大军征讨,战斗中连发冲天炮,为该战的胜利发挥了重要作用

明清红夷(衣)炮

北京故宫博物院陈列的一门清崇德八年(1643)制造的"神威大将军"铜炮有满、汉铭文:"神威大将军大清崇德八年十二月日重三千七百斤",这是现存的清军铸造最早的一批红夷火炮

六

防护具

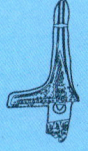

在冷兵器盛行的古代,人们发明了盾牌和甲胄以抵御斧劈枪刺,它们或持于身前,或披挂于身,使士兵生命得以保护。

盾

盾是一种用来遮挡敌人攻击的防护兵器，可承受刀剑的劈砍，对枪、箭等扎刺武器亦有不错的防御效果。盾的历史很久远，《山海经》中就有此类护具的记述。从外形看，盾主要有方形和圆形两大类，材料为皮革、木材、藤或金属等。盾牌对敌一面常画有诡异的神兽图，用以恐吓敌人，鼓舞士气。盾的构造简单，但防护能力很高，所以是步兵常备兵器，在攻城战中更是攻城一方赖以减少伤亡的有效兵器。但盾的防御范围和方向有限，使用时需一手持盾，一手拿攻击性兵器，影响了机动性。

商代铜面盾

春秋战国时的盾

春秋时的盾分为步兵用盾和车兵用盾。步兵盾形制较大，可防箭和维持阵列；车兵盾短而窄，利于在车上使用。战国，扎刺类兵器开始增多，以往的平面盾防御效果降低，故出现了用于近战的双弧形方盾，为纵中线凸起的形状，有利于分解刺的力量。盾除表面蒙有多层皮革外，还常钉有铁钉等其他金属装饰，用以增加强度。手握部位也强调坚实、牢固

盾背

盾握

钩镶

稍向后弯，末端锐尖

钩镶是汉代常见的钩、盾结合的复合兵器。上下为钩，中为后有把手的小型铁盾。盾用以推挡，钩用以钩束，战斗时与环首刀配合使用，在用钩镶钩挡敌方长兵器的同时，挥刀击敌

盾为圆角方形，前面有突出的尖

亦向后弯，末端为小球

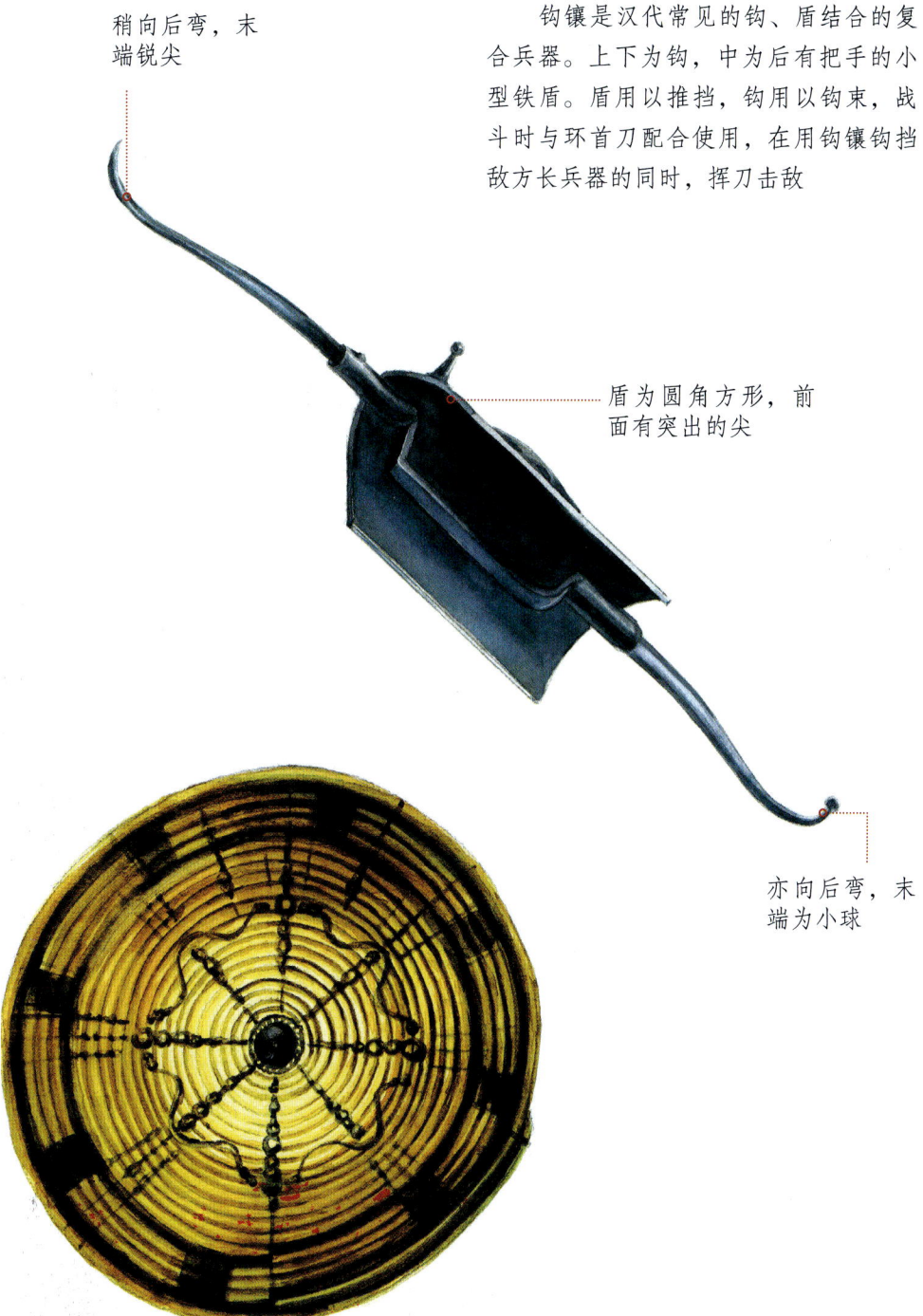

藤盾

明清时期，随着火器的流行，藤盾再次被大量用于军中。盾用坚藤制成，呈反荷叶形，因其坚固又有伸缩性，能有效抵御刀剑枪斧及矢镞弹丸的攻击，多为冲锋陷阵的步兵所用

东汉用大型盾布阵图

方形盾主要为步兵使用,有手牌、燕尾牌、推牌等多种样式,形制较大。有的盾牌带有固定支柱可插于地面,将其并排布阵,其后布设弓弩,可有效抵御敌人的冲锋。而圆形盾因其小型灵活,骑兵运用较多。骑兵冲锋时左手握盾遮挡敌箭射击。但圆形盾和方形盾相比,因其防御面积较小,故防护力不强

铠甲

铠甲为古代将士披挂在身上的防护用具，先秦时期主要以皮革制造，称为"甲""介""函"，也出现了青铜制品，但数量较少。战国后期，开始以铁制造，皮质的仍称"甲"，金属制的称"铠"。唐宋以后，不分质料，"铠""甲"通用，或合称"铠甲"。铠甲在战争中用以对要害部位的保护，有很好的防护功能，军队兵士几乎人人配备，铠甲遂成为表示军队兵员和实力的代名词，如秦甲渡河、拥甲百万等。

历代铠甲的运用

原始社会	最早用于制作甲胄的是一些较为易得的材料，如野兽的皮、林中的藤和木等物。其中，皮革制作的护具是用整片皮革制成，披戴在前胸后背，四肢部分不着甲，以免影响活动
商周时期	根据护体部位的不同，将整片的皮革裁剪成大小不同、形状各异的甲片，然后在甲片上穿孔，用索条编缀而成甲。青铜兵器难以刺穿，防护力相当强。西周时期还曾有以青铜甲片编缀铜甲的尝试
春秋战国	出现铁铠，《战国策·韩策》中称之为"铁幕"。此后随着铁制兵器的发展，铁铠逐渐取代皮甲成为主要的防护装备。此时的铁甲用于防护手臂部分
西汉	汉代铁甲在编制工艺上日益精湛，铁甲的锻造技术也不断提高。此时称铁甲为"玄"，即黑色的意思。汉武帝曾"发属国玄甲军，陈自长安至茂陵"，为早逝的霍去病送葬
三国两晋南北朝	三国时期，上好的铠甲用"百炼钢法"锻造。传说诸葛亮监造过一种铁甲筩袖铠，选料精良，制作考究。南北朝时期，随着重甲骑兵的崛起，适用于骑兵装备的裲裆铠极为盛行，逐渐成为铠甲中的重要类型
隋唐时期	隋唐时期，裲裆铠仍很盛行，唐代还盛行明光铠。唐代铠甲中比较常用的还有绢布甲。它的结构比较轻巧，外形美观，但没有防御能力，是武将平时服饰或仪仗用的装束
宋代	宋代对此前的甲胄制作加以总结，防护效果加强。此时还出现了一种既减轻重量又不降低防护能力的轻型铠甲
元代	元代铠甲的内层用牛皮制成，外层为铁网甲，甲片相连如鱼鳞，箭不能穿透，制作极为精巧。另外还有各式皮甲、布面甲
明清时期	明代由于火器的不断更新，厚重铠甲的防护能力相应下降，只有将军全身披甲胄，士兵多着棉甲。清代，铠甲只在操练、秋阅或仪仗中使用，以示雄武

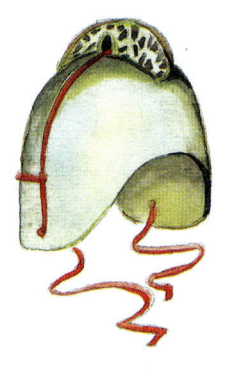

西周铜甲胄

青铜时代,青铜被锻打成片,钉缀在胸部、背部,起到盾的作用,保护身体的重要部位。铜甲为皮甲的附属物,未能取代皮甲

防护具

着铜甲的西周士兵

秦代石甲

秦始皇陵兵马俑曾出土大量石甲，甲衣上的石片用手工磨制，大多只有0.3厘米厚，是随葬的冥器。

西汉铁甲

西汉时期，铁甲经历了由粗至精的发展过程，从用较大的长条形的甲片编的札甲，逐渐发展为用较小的甲片编的鱼鳞甲；由仅保护胸、背发展到加有保护肩臂的披膊及保护腰胯的垂缘，成为军队的主要防护装备。

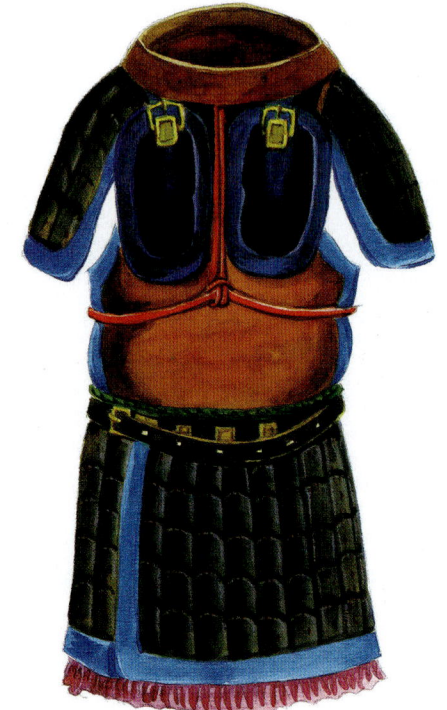

唐代纸甲

唐代以纸和布为材料制成铠甲，膝部以上皆能防护。纸甲对防御远程射击兵器有效，但抵挡不住近战时刀、枪之类冷兵器的劈刺。

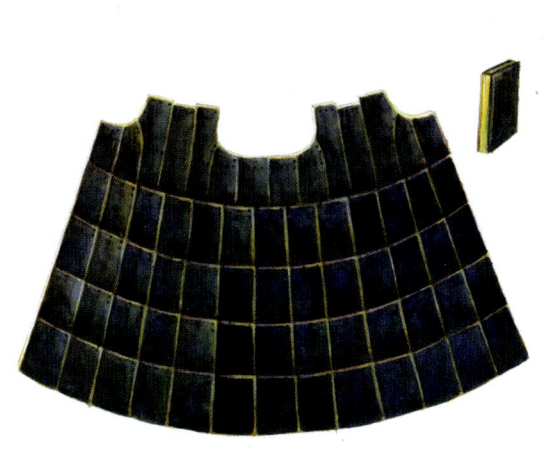

明代木甲

火器盛行以后,在盛产竹木的南方地区还曾制作木甲,起防刺的作用

清代棉甲

清代流行的战袍,袍外绣各式图案,里面装饰许多半圆凸形小铜星,排列有序,肩上加置铜条,袍里则连缀甲片,其质坚厚,可抵御矢镞及鸟枪丸弹

胄为古代战士所戴的帽子,金属制成的胄又称"盔""鍪"。

铜胄的形制大体近似,都是范铸的,合范的缝正当胄的中线,于是形成一条纵切的脊棱,把全胄均匀地分成左右两个部分。胄面上的纹饰以这条脊棱为中线向左右对称展开,胄的左右和后部向下伸展用以保护耳朵和颈部。不少铜胄正面铸出兽面纹饰,在额头中线处饰扁圆形的兽鼻,巨大的兽目和眉毛在鼻上向左右伸展,与双耳相接,有的还加有两支向上翘的尖角。圆鼻的下缘就是胄的前沿,在相当于兽嘴的地方则露出战士的面部。有的胄上不饰兽面,只简单铸出两只大眼睛。

商代青铜胄

战国铁胄

明代胄

历代甲胄

袖筒
两只甲袖左右对称，各由13列52片甲片编成，每列横联四片。由于甲片均有一定弧度，编联后构成下面不封口的环形。甲片宽度由肩向下递减，作下列依次叠压上列的活动编缀，形成上大下小可以伸缩的袖筒

皮胄
皮胄也由皮甲编缀而成，中有脊梁，下有垂缘护颈

身甲
身甲由胸甲、背甲、肩片、肋片共计20片甲片编成。甲片较大，最大的达到26.5厘米。因部位不同，形制各有特点。身甲上口接编竖起来的高领，两肩联缀双袖

战国皮甲

秦代将军铠甲

整件甲衣前长97厘米,后长55厘米。甲衣的形状为前胸下摆呈尖角形,后背下摆呈平直形,周围留有宽边,上有几何形花纹。胸前、背后未缀甲片,也绘有几何形彩色花纹。

甲片用皮条或牛筋穿过以固定,呈"V"形并钉有铆钉。胸部以下、背部中央和后腰等处都缀有小型甲片。全身共有甲片160片,甲片形状为四方形。两肩装有披膊,胸背及肩部等处还露出彩带结头,为将官所穿

秦代士兵铠甲

甲衣的长度前后相等,其下摆一般多呈圆形,周围不另施边缘。肩部甲片的组合与腹部相同,是上片压下片;腹部为便于活动,甲片是下片压上片。所有甲片上都有甲钉,其数二、三、四不等,肩部、腹部的甲片用连甲带连接

三国筩袖铠

三国时期流行的护身铠甲呈桶状而带袖,故名筩袖铠。其由一片片的金属片编成,短袖可以保护士兵的上臂与腋下。汉代的铠甲胸前开襟,可以左右打开。此后筩袖铠为了增加防护力,胸前不开襟,穿的时候从头套入。

筩袖铠的材料特别讲究,将军所着铠甲的甲片较一般士兵的打磨更为精致,数量也更多。

三国藤甲

藤甲这一较为原始的防护用具在《三国演义》中曾有详细的描述。蜀汉丞相诸葛亮征讨南蛮首领孟获,孟获请来乌戈国国主兀突骨助阵。乌戈国有一种藤生长在山涧里,攀援在石壁上,采集后,浸在油中半年,然后取出来晒,晒干了再泡,反复十多遍,用来编成铠甲。这种藤甲经水不湿,刀箭不入,组成的藤甲军所向披靡,屡败蜀军。无奈之下,诸葛亮只好把藤甲军引入峡谷,用火将其歼灭。

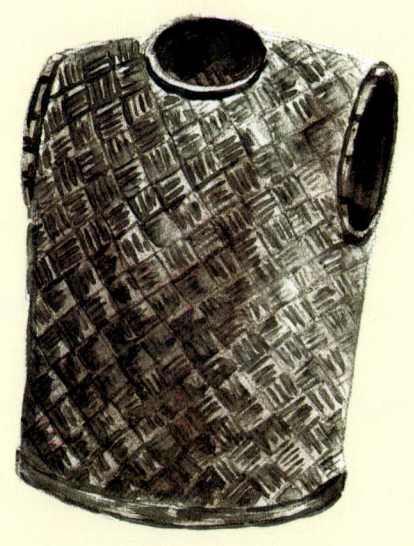

南北朝裲裆铠

魏晋南北朝流行的铠甲样式。主要护卫前胸和后背这两个部位，材料大多采用坚硬的金属和皮革。甲片有长条形和鱼鳞形两种，采用小型的鱼鳞甲片更便于俯仰活动。为了防止金属甲片磨损肌肤，武士在穿着裲裆铠时，里面还常衬有厚实的衣衫

- 双肩以带前后扣联，适于骑兵披用
- 胸甲和背甲以编联成整体的甲片构成

唐代明光铠

明光铠是魏晋至唐流行的铠甲。其前身和背后有圆护，因圆护大多以铜铁等金属制成，并且打磨得极光，战场上在太阳照射下会发出耀眼的"明光"，故名。

明光铠由于使用年代跨度较大，样式很多，而且繁简不一：有的只是在裲裆铠的基础上前后各加两块圆护，有的则装有护肩、护膝，但装有圆护是其共同的特征

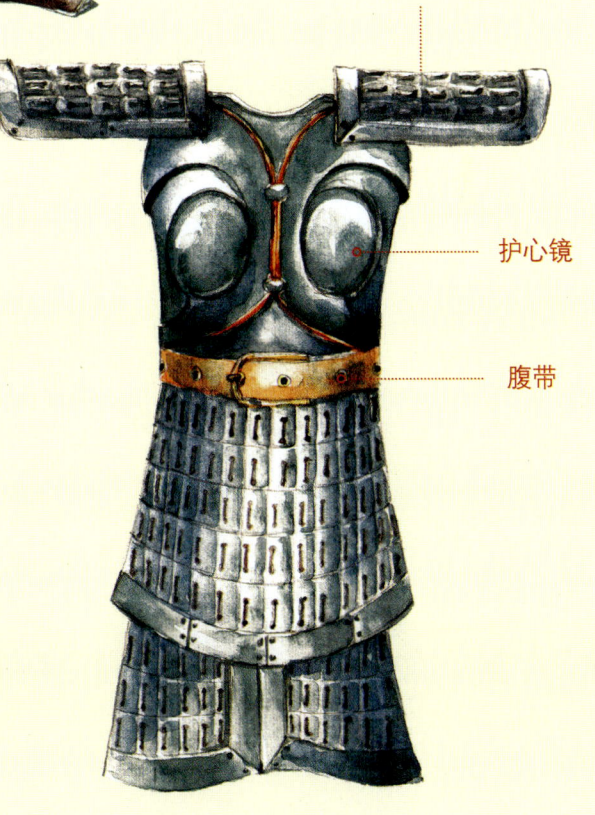

- 护肩
- 护心镜
- 腹带

防护具

宋代瘊子甲

瘊子甲是一种十分坚精的盔甲，柔薄坚韧，甲片呈青黑色。由于采用冷锻法加工，当甲片冷锻到原来厚度的三分之一时，在它们的末端留下像筷子头大小的一块，隐隐约约像皮肤上的瘊子，故名"瘊子甲"

元代甲

蒙古骑兵的胸甲由四个部分组成：一片从大腿到颈，根据人的体形制作；另一片从腰部过膝，同前部的甲片连接起来；两肩上各固定护甲

明代甲

明代军士服饰："长齐膝，窄袖，内实以棉花"，颜色以红、白为主。骑士多穿对襟甲，以便乘马。作战用兜鍪，多用铜、铁制造，很少用皮革。步兵大多顶一软帽

清代甲

清代铠甲分甲衣和围裳。甲衣肩上装有护肩，护肩下有护腋；另在胸前和背后各佩一块金属的护心镜，镜下前襟的接缝处另佩一块梯形护腹，名叫"前挡"。腰间左侧佩"左挡"，右侧不佩挡，留作佩弓箭和箭囊等用

缨枪
盔盘
覆碗
遮眉
护耳
护领
护颈
护肩
护腋
护心镜
前挡
蔽膝

围裳

分为左、右两幅，穿时用带系于腰间。在两幅围裳之间正中处覆有质料相同的虎头蔽膝

《大阅图》中清高宗弘历的御用铠甲

  保存在故宫博物院的清高宗弘历的御用铠甲异常精美华贵，全甲由八个部分组成：铜盔、护项、护膊、战袍、护胸、铜镜、战裙、战靴。甲衣上内衬钢片、玳瑁边，战袍上密缀铜星，式样别致，具有民族特色

七 战车与骑兵

战车是一种极具冲击力的兵器，流行于夏、商、周时期，但由于车体庞大，转动不便，常因地形的起伏而影响战斗力。战国时出现的一人一骑或一人多骑的骑兵显示出极好的机动性和在复杂地形的灵活性，适宜执行长途奔袭、追击、扰袭、迂回、包抄等各类战术。秦、汉时期，骑兵取代战车成为冷兵器时代最强大的陆战兵种。

战车

中国古代的战车多指用以承载战士进行车战、野战的木制车辆,不包括其他辅助作战的用车。根据记载,夏代已有战车,夏王启指挥的甘之战中便有战车。此后,战车逐渐成为军队的主要装备,车战也成为作战的主要方式。夏朝末年,商汤与夏人作战,使用了战车70乘。商末,在周武王伐纣的牧野之战中,动用战车300乘。春秋时,随着战争规模越来越大,战车成为衡量一个国家实力的标准,出现了"千乘之国""万乘之国"。

春秋战国之交,步兵、骑兵相结合的新型军队开始出现。战国时代的兵书《六韬》详细分析了兵车、骑兵和步兵的战斗力,提出"车者,军之羽翼也,所以陷坚阵,要强敌,遮走北也;骑者,军之伺候也,所以踵败军,绝粮道,击便寇也"。认为以战车列阵,战斗力最强。在平原地带,一乘战车抵步兵八十、骑兵十骑;在险要地带,一乘则抵步兵四十,骑兵四骑。但随着铁兵器和弩的出现,步兵和骑兵能有效地攻击密集、整齐的车阵。于是,车体笨重、驾驭困难的战车已不再担负主要的作战任务,车战也不再是军队作战的主要方式。汉武帝时,汉王朝的军队为了与匈奴进行持续的战争,发展了大量骑兵部队,战车逐渐退出了战争舞台。

"车"字

在中国古代文字中,许多与战争有关的字都有车形,如"军""阵"字。《说文·车部》释曰:"军,兵车也。"《玉篇》曰:"阵,旅也。"《广韵》曰:"阵,列也。"这些记载都反映出文字形成时期战车的盛行。

甲骨文"车"

甲骨文"军"

商周战车

根据文献记载和出土实物可知，商周时期的战车形制变化不大：方形车厢、独辕、两个车轮，车轮直径在 130～140 厘米之间，每轮有 18～24 根辐条。车毂较长，突出于轮外。车辕前横置一条车衡，衡上缚两轭，用以驾车。车厢门开在后方，车体全用优质木料制造

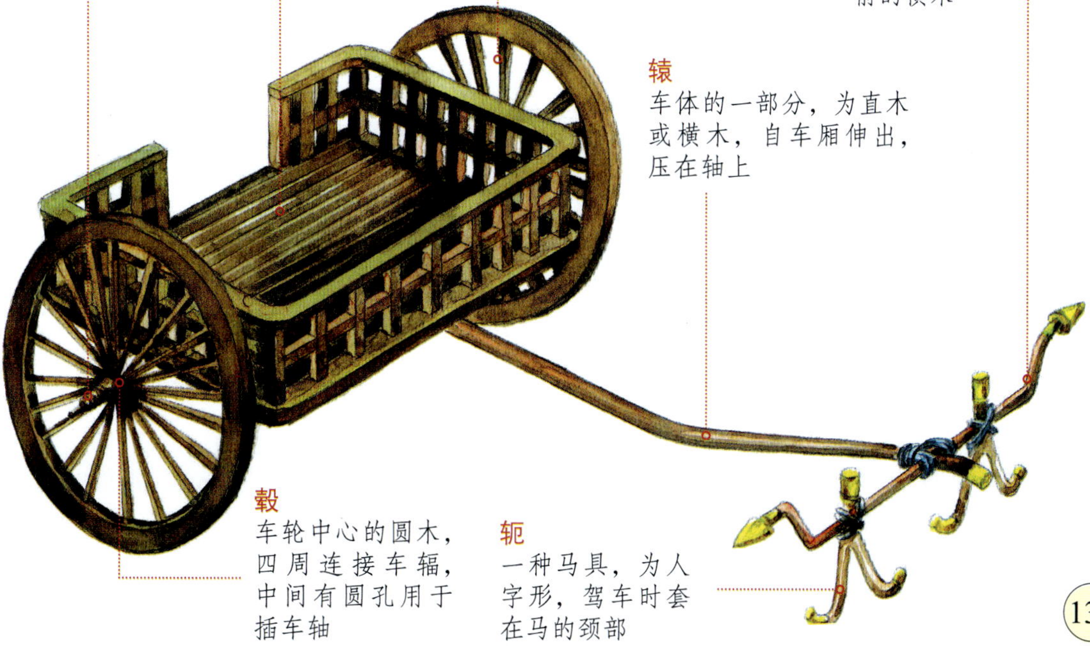

害
车的零件，青铜制，为圆筒状，套在车轴的两端

舆
指车厢或车

辐
车轮中连接车毂和轮圈的一条条直棍

衡
指驾在车辕前的横木

辕
车体的一部分，为直木或横木，自车厢伸出，压在轴上

毂
车轮中心的圆木，四周连接车辐，中间有圆孔用于插车轴

轭
一种马具，为人字形，驾车时套在马的颈部

战车与骑兵

战车配置

车前架四匹马,中间两匹辕马称"服",左右两侧拉旁套的两匹马叫"两骖",一套驾车的马合称为"驷"。每辆兵车上有三名甲士,按左、中、右排列。左方甲士持弓,是一车之首,称"车左";右方甲士执戈矛,称"车右";居中只佩带防身刀剑的甲士叫"参乘",负责驾驭战车。

三名甲士除随身佩持的兵器外,车上还备有若干有柄的格斗兵器。据《考工记·庐人》记载,这些兵器是戈、殳、戟、酋矛、夷矛,合称"车之五兵"。这些兵器插放在战车舆侧,供甲士在作战中使用。但实际出土的战车所配置的兵器并未如此齐全

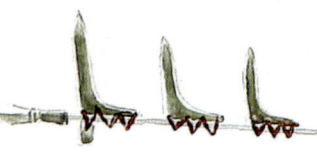

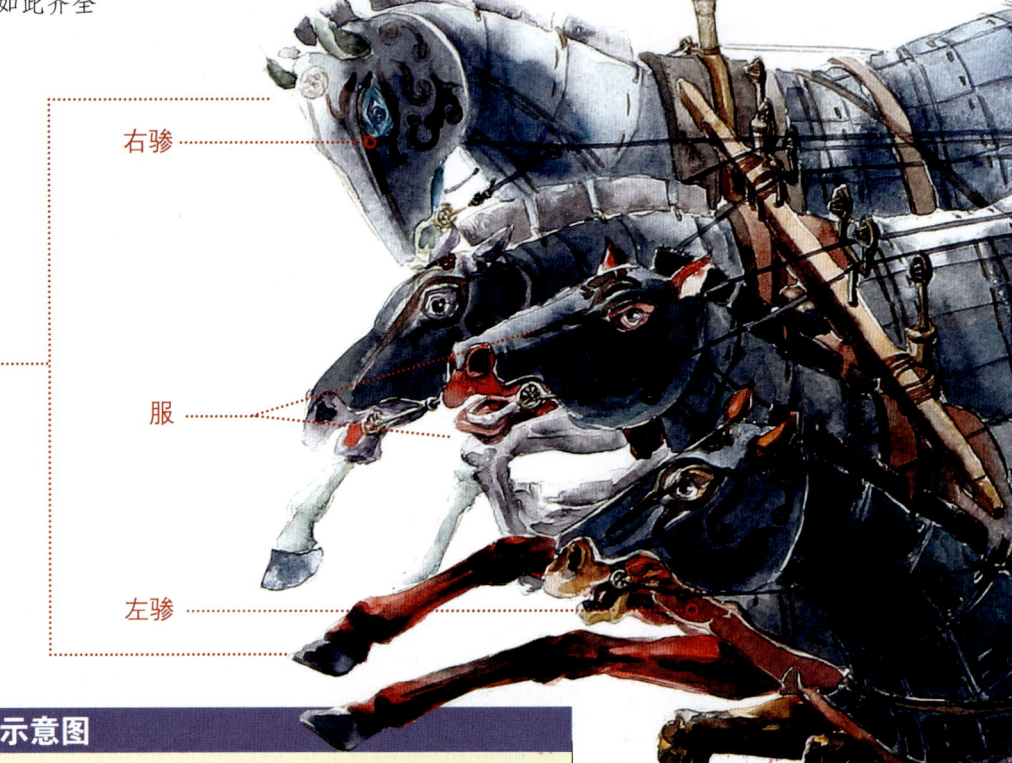

- 右骖
- 驷
- 服
- 左骖

马具示意图

马具有铜制的马衔和马笼嘴,这是御马的关键用具。马体亦有铜饰,主要有马镳、当卢、节约、络头等。

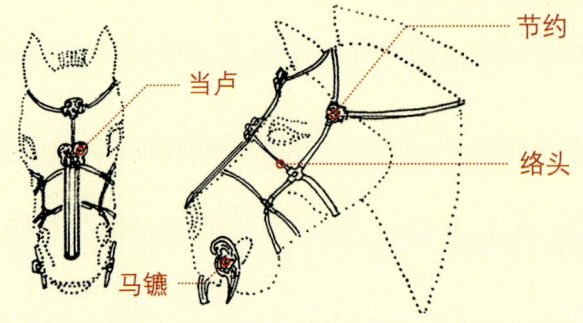

- 当卢
- 节约
- 络头
- 马镳

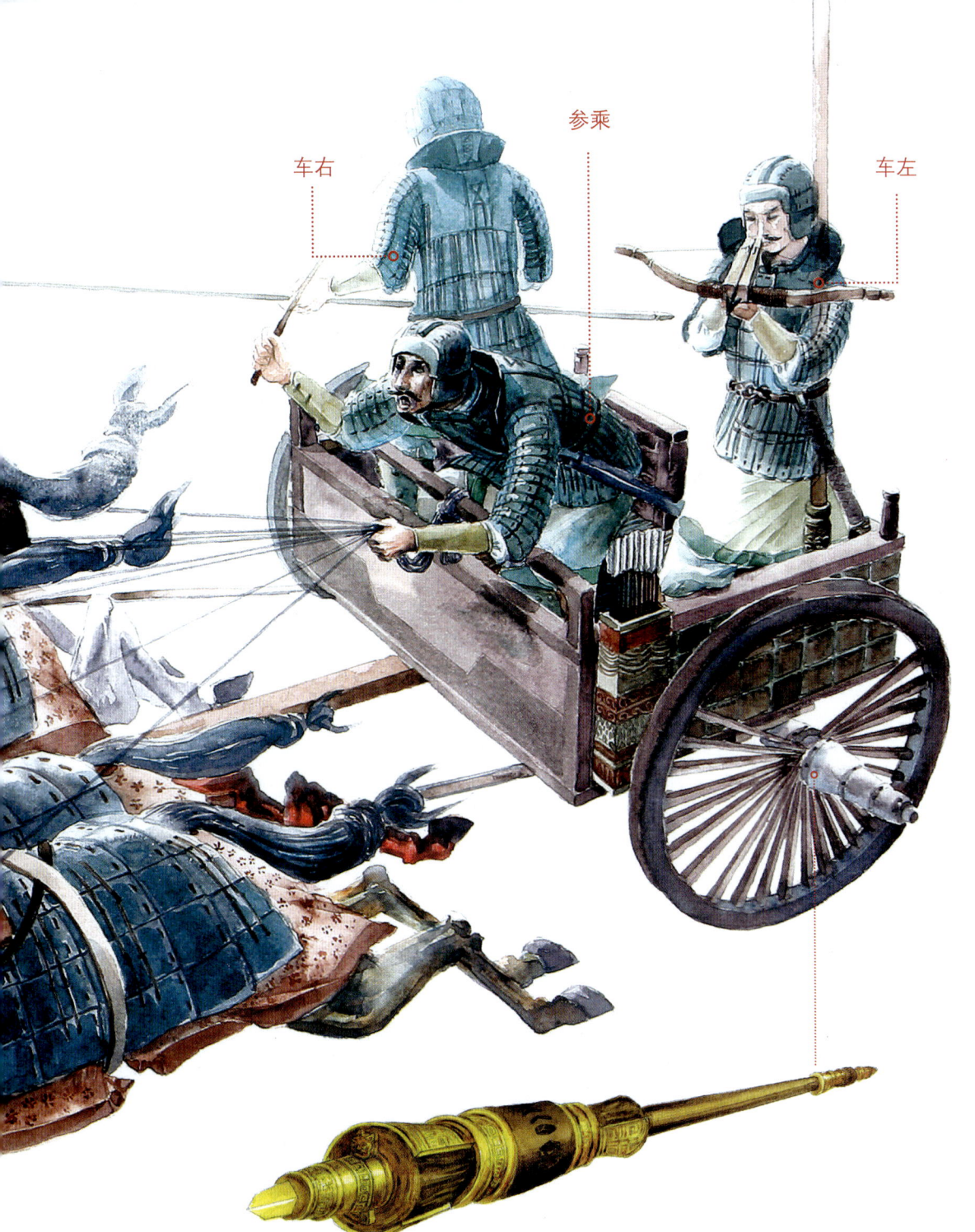

青铜车器

战车为木质结构，一般在重要部位装有青铜件，通称车器，用以加固和装饰。轮轴是战车的关键部位，古代战车的轴很长，约3米。轴的两端露在车轮外面的部分叫作"軎"，长约40厘米，它不仅用于保护和装饰轴头，而且有的軎被做成矛形，可攻击对方步卒和马匹的下肢

战车的作战方式

两支战车部队交锋时,要先排好战斗队形,列成阵势,然后才能发起攻击。交战时,首先以弓矢对射,只有排成横队才能发挥弓矢的威力;纵深配置时,前排拉开,便于后列战车射击;逼近时驱车冲击,车右甲士手持长柄兵器自车上刺击对方甲士,展开白刃搏斗。由于车轴较长,两车交战有一定距离,只有依靠长柄兵器,短剑基本没有用武之地。

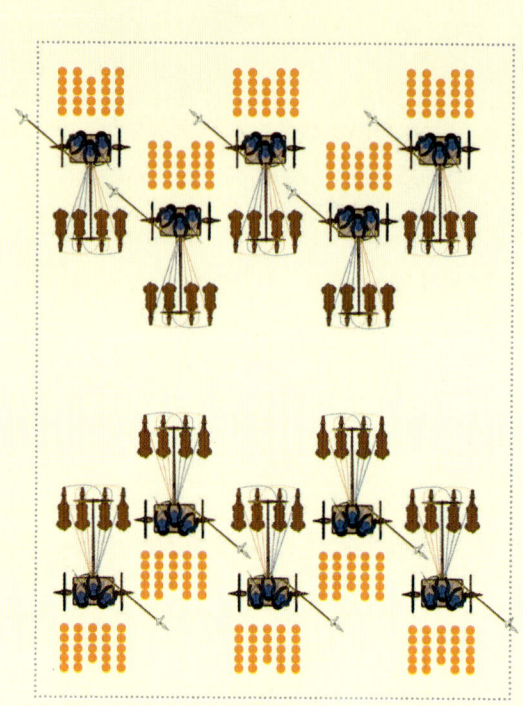
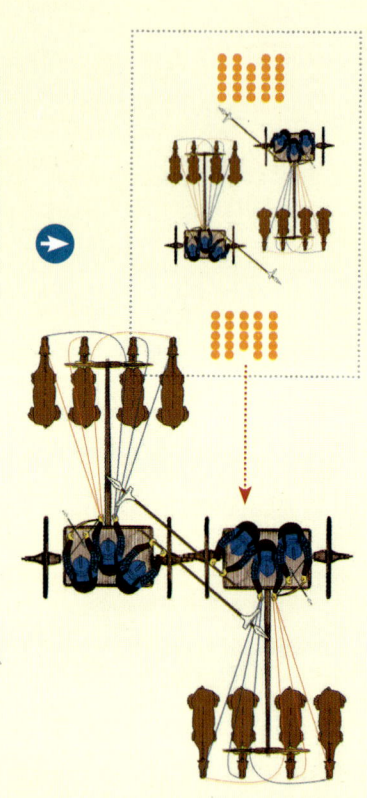

后期战车的使用

战国晚期,各诸侯国的战车数量仍然相当可观,大规模的车战仍然时有发生。据《史记·张仪列传》记载,当时秦军的组成是"带甲百余万,车千乘"。秦汉之交,汉将樊哙曾以轻车和骑兵攻破雍南;汝阴侯夏侯婴善用战车,曾四次以战车突击立功;车骑将军灌婴曾以车骑追击项羽至东城。说明在汉初的战争中,战车仍然发挥着一定作用

秦王指挥战车进攻

骑兵

骑兵以一人一马为主要作战方式，长处在于强大的机动能力和冲击能力。春秋以前，作战以车战为主，兵车数量的多少成为军事实力的象征，基本没有骑兵。

进入战国之后，北方游牧民族机动、灵活的骑兵时常侵扰各诸侯国，于是各国也开始组建骑兵部队。赵国的赵武灵王更通过"胡服骑射"使赵国成为战国后期为数不多的在军事上能与秦国抗衡的军事强国。

胡服骑射

"马"字

中国早在6000年前便将野马驯化为家畜，此后，马成为交通运输和军事活动的主要动力，在甲骨文和金文中便有记录其形象的"马"字。

楷书

甲骨文

秦国的骑兵也十分强大，秦人的祖先即因为周王牧马而受封，故秦国有着悠久的养马历史。秦穆公时伯乐撰写的《相马经》把马按品种、体型、毛色进行分类，具体到每匹马的头、颈、胸、腹、背、腿、尾、蹄各部分的形状、尺寸、比例，以确定马的优劣。由于重视马的饲养，秦惠王时，秦国骑兵已达到"骑万匹"的规模。

战国及秦代的骑兵配有鞍鞯，但是没有马镫，不能解放双手，必须有一只手按在鞍桥上，在马上的行动十分不便。所以当时的骑兵并未对敌人形成强大的冲击力和心理上的震慑力，常作为突袭敌人的手段使用，可以看作是骑马的步兵。秦赵长平之战，秦将白起以五千精骑截断赵军，完成了对40万赵军的包围，并最终将其歼灭。楚汉战争，韩信在破赵之战中也是用两千轻骑偷袭敌军大营，使得战场情形立即逆转。

两汉时代，北方匈奴等游牧民族时常南下侵扰汉朝边疆。匈奴人从小生长在马背上，长于骑射。他们马术精良，马上射术也精准，成为两汉的大患，两汉因此始终坚持骑兵的建设。为了发展骑兵，汉文景时期颁行"马复令"，用免

汉代骑兵

卫青武刚布阵大战匈奴

汉将卫青路遇匈奴骑兵,创造性地将兵车、骑兵协同作战。先将武刚兵车排成环形营垒抵御匈奴的进攻,又命骑兵纵马奔驰,从左右两翼急驰向前,包抄单于。匈奴兵士胆怯、四散奔逃

徭役的办法鼓励民间养马,并在中央和地方设立专门的马政机构,中央任命太仆管理,地方由马丞负责,这些官员负责马匹的饲养以备军用。从汉初至武帝时即有厩马40余万匹,不仅为卫青、霍去病等名将反击匈奴、深入敌后创造了可能,也弥补了战马在战争中的消耗。

为了求得宝马,汉武帝时还多次出兵西域,夺得汗血宝马而还。公元前119年,霍去病以5万骑兵深入匈奴两千余里,大破敌军于封狼居胥山(在今蒙古国)而还,一时解除了匈奴的威胁。

三国两晋南北朝时期,战争频繁,大量北方游牧民族进入中原,建立政

北朝重甲骑兵

北朝为了抵御敌方的攻击，骑兵以重甲骑兵为主，人马均披重装铠甲，防护力强大无比。远程武器采用弓箭，长兵器大量使用穿透力更好的长矛。近战的刀体加宽，刀头由斜方形改为前锐后斜，对步兵极具危险性

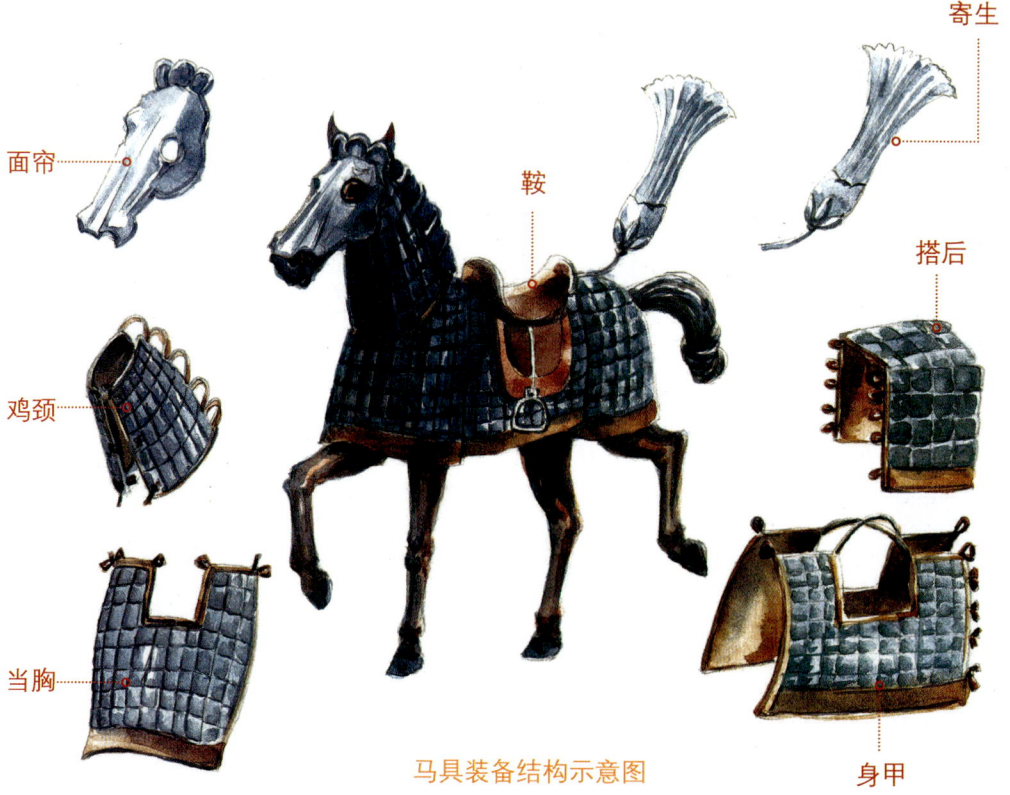

马具装备结构示意图

权，注重畜牧产业的发展，骑兵发展很快。西晋时发明了马镫，使得骑兵可长距离行军，并能有效地发挥骑兵机动性好、冲击力强的优点。燕魏廉台决战，前燕面对冉闵凶猛的步兵十战十败，于是挑选善于射箭之人配以重甲，并用铁链把他们的马匹联结起来，形成重装骑兵方阵，布置在攻击编队的前方，再以其他部队从两翼夹击，击败了冉闵。

隋唐和五代时期，骑兵确立了在军中的地位。唐太宗李世民善于使用骑兵，并总是身先士卒冲杀在第一线。由于越来越强调马的机动性，去掉了专为保护马匹而装备的马铠，故李世民所乘的战马死伤很多，其中最著名的六匹还被刻在其陵寝之中，称为"昭陵六骏"。

唐代从起兵伊始就完善自己的马政建设，以备军用。唐在边地多置监牧，属太仆管理，监牧马五千以上为上监，三千以上为中监，三千以下为下监。盛唐时期，大唐引入各地名马，组建骑兵同突厥骑兵正面对抗，而且胜率极高。

唐代骑兵

唐代骑兵主要以冲击的方式进攻，其枪头短而尖，轻锐灵便，配以长柄，借助马的冲力，极易洞穿敌人的铠甲

昭陵六骏

"昭陵六骏"石刻是依据当时绘画大师阎立本的手稿雕刻而成。六骏皆三花马鬃，束尾，其鞍、鞯、镫、缰绳等都逼真地再现了唐代战马的装饰。

特勤骠

毛色黄白，嘴微黑。唐武德二年至三年（619—620）李世民在山西与宋金刚作战时所乘。

史载：唐初天下未定，宋金刚陷浍州（在今山西境内），兵锋甚锐。李世民乘着特勤骠勇猛冲入敌阵，一昼夜与敌接战数十次，建立了功绩。

李世民题给它的赞语是："应策腾空，承声半汉；入险摧敌，乘危济难。"

青骓

苍白杂色。唐武德四年（621）李世民平定窦建德时所乘。

虎牢关大捷使唐朝初年的统一战争取得了决定性的胜利。在这一重大战役中，李世民出生入死，伤亡三匹战马，青骓为其第一坐骑。在大战之中，它身上中了五箭，都是从迎面射来的，说明其飞奔的速度之快。石刻青骓呈疾驰之状，显示出飞奔陷阵的情景。

李世民题给它的赞语是："足轻电影，神发天机，策兹飞练，定我戎衣。"

什伐赤

毛色纯赤。李世民在与窦建德、王世充作战时所乘。

石刻上的骏马凌空飞奔，身上中了五箭，都在马的臀部，其中一箭从后面射来。

李世民题给它的赞语是："瀍涧未静，斧钺申威，朱汗骋足，青旌凯归。"

飒露紫

毛色紫红。为李世民平定东都击败王世充时所乘。牵着战马正在拨箭的人叫丘行恭,六骏中唯此附刻人物。

唐军取洛阳的邙山一战中,李世民乘着飒露紫冲锋时,马前胸被流矢射中,一个趔趄摔倒在地。危急关头,丘行恭赶来营救,为飒露紫拔出胸前的箭。飒露紫神奇般地重新站起,使李世民转危为安。此战胜利后,唐太宗将丘行恭的形象同飒露紫一同雕刻在昭陵上。

李世民题给它的赞语是:"紫燕超跃,骨腾神骏,气詟山川,威凌八阵。"

拳毛䯄

黑嘴黄毛。李世民平定刘黑闼时所乘。

622年,李世民率领唐军与刘黑闼在今河北曲周一带作战。战斗中,拳毛䯄身中九箭,直到战斗结束才倒地死去。

李世民题给它的赞语是:"月精按辔,天驷横行,弧矢载戢,氛埃廓清。"

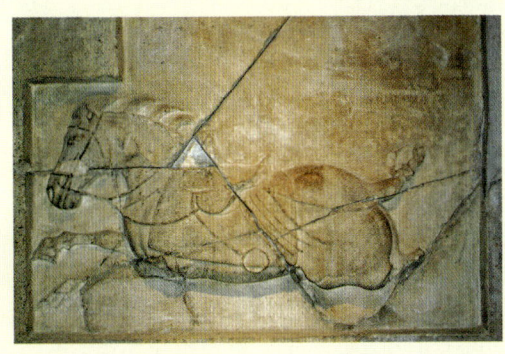

白蹄乌

毛色纯黑,四蹄俱白。李世民在陕西长武浅水原和薛仁杲作战时所乘。

唐初薛仁杲盘踞在西北,李世民与其争夺关中时,乘胜追击。他催动白蹄乌身先士卒,一昼夜奔驰200余里,迫使薛仁杲投降。

李世民题给它的赞语是:"倚天长剑,追风骏足,聳辔平陇,回鞍定蜀。"

五代之后的宋、辽、金、西夏诸政权对峙时期,骑兵为北方游牧民族军队的精锐。辽金的军队都很讲究骑兵的机动作战,一般军中的正兵均配有数匹战马,机动力很强。辽宋的幽州之战,辽军就凭借平坦的地形和骑兵的机动力将宋军各个击破。

金兵也长于骑兵,善于野战。金国有著名的"拐子马",作战时步军为正兵,以"拐子马"作两翼突击,在平原上与宋军作战占据很大的优势。这时的骑兵开始偏向轻装,着少量护甲,以获得更大机动力。

而两宋因为没有控制西北等产马地区,战马只能通过边地购买或设置监牧等方法获得,数量较少。作战时,基本上都是把骑兵布置在步兵阵周围,作策应或掩护侧翼。

斡难河边兴起的蒙古民族将骑兵战术发展到冷兵器时代的巅峰阶段。蒙古民族"上马则备战斗,下马则屯聚牧养",战时自备武器装备出征,和平时期则是普通牧民。为了保证军队的战斗力,他们往往通过大规模的围猎来锻炼部队,对于儿童也是从小就专门训练他们骑马、射箭的能力,加上

北宋初期的骑兵

北宋初期,朝廷和西北李氏政权的关系十分密切,大量的河曲马被补充到宋朝军队中,参与北宋南灭南唐、北伐辽军的战斗。为此,辽曾迁怒于李氏,发兵讨伐。此后,随着各方关系的交恶,北宋的军马供应逐渐紧张

有成吉思汗等出色的战术家指挥，蒙古军队成为当时世界上最强大的军队，征服了前所未有的广大土地，消灭了宋、金、西夏。蒙古骑兵为提高机动力，一名士兵往往备有六匹以上的战马，轮换使用，一天可以前进近百公里。蒙古马虽然体型较小，但适应力强，耐粗饲，寿命长，十分适合长距离行军。这些马随处就能找到食物，可以终年使役。蒙古马的母马在哺育期可为在外作战的将士提供马奶作为食物，大大缓解了蒙古军队战线过长、后勤不足的问题。

而明代的朱元璋则通过一支强大的骑兵力量统一天下，故视马政为国家重务。他认为："自古有天下国家者，莫不以马政为重。故问国之富者，必数马以对。"马越多，表明国力越强盛，故明代设立有很多养马机构。民间牧马主要用于京师，官牧马匹主要供应边镇军队。明代的骑兵不断尝试和其他兵种配合作战，并配有火器，创造出了先以火器轰击、继以骑兵冲击、步兵跟进的战法。

清朝以弓马开国，十分重视骑兵的建设，但在战术上却没有太多的发展，加上不注重火器，使中国终沦落到了被列强任意欺侮的境地。1860年，以骑兵为主的清军在八里桥阻击英法联军的入侵。战斗中，骑兵虽表现异常英勇，但面对敌人的密集炮火，全军阵亡，这次战败为中国古代骑兵画上了一个悲壮的句号。

清代《阿玉锡持矛荡寇图》中的骑兵

中国名马

种类	产地	形态特征	习性
蒙古马	主要产于内蒙古草原	身躯粗壮，四肢坚实有力，头大额宽，胸廓深长，腿短，关节、肌腱发达。被毛浓密，毛色复杂	世界最古老的马种之一，耐力好，不畏寒冷，生命力极强。在战场上，不惊不乍，勇猛无比，是良好的军马
哈萨克马	产于新疆	外形与蒙古马相似，个头略高。耳朵短，颈细长，稍扬起，背腰平直，后肢常呈现刀状，略显粗重。毛色以骝毛、栗毛、黑毛为主	适应性强，能在寒冷的气候条件下生存。西北的马种大多与哈萨克马有血缘关系。经过品种改良后的伊犁马是我国优秀的轻骑马种
河曲马	原产于黄河上游青海、甘肃、四川三省交界的草原上	中国体格最大的优秀马种。躯干平直，胸廓深广，体形粗壮，肌肉发达，具有绝对的挽用马优势	性情温驯，气质稳静，对高寒多变的气候环境有较强的适应能力。速度中等，持久力较强，疲劳恢复快，善于长途奔袭
西南马	分布于四川、云南、贵州及广西一带	躯干短小，身体结构良好，肌腱发达，蹄质坚实，行动灵活	善走山路，爬越高岭，用于驮运。可驮运重量超过其体重1/3的货物行走

蒙古马

八

战船

　　水战是陆地战争的延续，在河流密布的中国南方，水战更为频繁。最早的水战出现于诸侯纷争的春秋战国时期，此时的战舰只是普通的水上运载工具。随着战争的深入，出现了高大的指挥船、灵巧的冲锋船等各式战船。在南北分裂的历史时期，建立一支强大的水军成为南方抵御北方精骑的唯一手段。

楼船

兵器

楼船是中国古代的巨型战船,因船上建有重楼,故名。楼船装备大型战具,可装载士卒千余人。楼船在水战中,远发炮石、弓弩,近以拍竿对敌,甚至可凭借自身重力使敌船倾覆,是古代战船队中的主力。

楼船是春秋晚期,随着战船建造技术和作战需要而出现的。在当时水网纵横的吴、越、楚之地,楼船是各方水上作战的主力。公元前525年,在吴楚长岸之战中,吴军曾以大型楼船"余皇"作为指挥舰。大战中楚获大胜,抢去了"余皇"。后来,吴国派人潜水入楚,乘夜偷袭楚国水军,大败楚军并夺回了"余皇"。公元前522年,楚国大夫伍子胥由楚奔吴后,在同吴王阖闾的问对中,伍子胥称:"楼船者,当陆军之楼车。"这是楼船这一称谓最早的文字记载。

汉代,楼船进入大发展阶段。汉武帝准备征服南越,建造了许多大型楼船。据《史记》和《汉书》记载,其高十余丈(合23米),上层起建筑三至四层。各层建筑还设有舱室、女墙、战格,作为士卒战斗的依托和防护设施。楼船成为舟师的主力战船,从而亦成为水军的代称,故汉代水军又称"楼船军",士卒又称"楼船士",水军统帅又称"楼船将军"。公元前112年,汉武帝派楼船将军杨仆、伏波将军路博德率十万楼船兵,兵分五路征伐南越。公元前111年冬,杨仆和路博德在番禺城(今广东中南部)外的水面上会师。他们利用船载战炮和劲弩,自珠江水面上猛攻番禺城,最终取得了世界海战史上海军船队首次自水上攻击陆地城堡的胜利。

三国时,东吴建成五层楼船,船上列矛戈、树旗帜,巍峨威武,宛如水上堡垒。隋代初期的舟师装备有大型楼船——五牙舰。

北宋早期成书的《武经总要》中绘有楼船图,甲板上有三层建筑,每层建筑四周都设置半人高的女墙,在第一层周围又用木板围成战格。女墙与战格上均开有若干剑孔、矛穴,另外,还备有擂石、铁刺等防御武器,攻防兼备。

从外形看,楼船方首无帆,两边多设划桨,楼船分多层,但其层是指甲板之上建筑的层数。楼船与其他船相比似乎动力不足,加之船首为方首,速度和机动性也不足。另外,楼船的桨手暴露在甲板之上,容易受到攻击。由于楼船重心高,抗风浪能力差,故历史上由楼船作为主要战船的战役多为江河或近海作战,其中著名的有赤壁之战、西晋灭吴之战、隋灭陈之战等。宋元以后,楼船的使用及记载减少。

汉代楼船

汉代组建的庞大船队配备有各种作战船只，如船队最前列的冲锋船"先登"；人在船中，楫露于外，主要用于袭击敌船的"露桡"；船体一般为红色，疾如奔马的"赤马船"

先登

露桡

赤马船

楼船结构图

汉代刘熙《释名》中对汉代楼船上层建筑的记述是："其上屋曰庐，像庐舍也。其上重屋曰飞庐，在上故曰飞也。又在其上曰爵（雀）室，于中候望之如鸟爵之警视也。"

帆
《释名》也有对船帆的解释："随风张幔曰帆，使舟疾泛泛然也。"显然，发展到汉初时，我国船舶使帆技术已经出现了

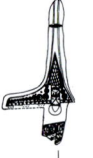

舵
船尾舵的发明使它设在船尾部，有使舵拨正航向不偏航的功能。1955年在广州出土的一只汉代陶船模上就有船尾舵的设置

楼船

西晋灭吴之战

西晋灭蜀占领四川后,西晋益州刺史王濬积极操练水军,造大楼船,准备吞并东吴。西晋太康元年(280),王濬统兵伐吴,其水军的主要战船楼船的面积"连舫方百二十步",一船容2000余人。船上"以木为城,起楼橹,开四出门","驰马来往"。楼船船队顺长江而下,十分威武。在以竹筏除去东吴暗藏江中的铁锥,烧毁了横置于江水中的铁链后,晋国庞大的船队顺利抵达东吴都城城下,走投无路的吴王孙皓开城门投降。

唐朝大诗人刘禹锡在《西塞山怀古》中颂扬了王濬及其船队的功绩和楼船的威武:

王濬楼船下益州,金陵王气黯然收。千寻铁锁沉江底,一片降幡出石头。

钩

水军用的钩叫"钩强",或称"钩拒""钩镰""撩钩"。交战时它既可以拉近敌船,又可以推远敌船,是水战中不可或缺的重要兵器

锚

停船器具,用链连在船上,停泊时抛到水底,以使船停泊稳当。锚在开始时用易得到的树根、石头制成,后来发展成金属锚

艨艟

艨艟也叫"蒙冲"，是一种以速度著称的轻型战船。因为船背上蒙有生牛皮，可冲近敌船，故名。艨艟因生牛皮蒙背，利于冲波破浪，具有良好的防御性能。其前后左右都有弩窗、矛穴，可以四面发射弓弩，或以白刃刺击敌船兵士。艨艟的结构轻巧，"不用大船，务在捷速，乘人之不备"，故运动灵活，便于机动作战。据《三国志》记载：赤壁之战中，吴军便是用"蒙冲、斗舰数十艘，实以薪草、膏油，上建牙旗"，加以伪装后冲向曹军，烧毁战船。

艨艟

斗舰

斗舰是与艨艟相似的轻型战船，是古代水上作战的主要舰艇，其尺寸较艨艟稍大些，舰上列两层女墙，提高了防护能力。但船上无牛皮覆盖，便于接敌近战。

斗舰

走舸

走舸是一种轻便的快船。走舸结构较为简单，船上桨手多，而兵卒少，故能往返如飞。兵卒虽少但皆精锐勇猛之人，可乘敌不备突袭敌船，斩将夺旗。在赤壁之战中，黄盖诈降，其所乘纵火大船后便各系着走舸。火烧曹军战船后，黄盖等吴军将士改乘走舸撤离。

走舸

游艇

游艇同走舸近似，是一种轻便快船，但尺寸更小，更为灵活，在水上"回军转阵，其疾如风"。其非作战舰艇，为侦察、探候、传令、通信之用。

游艇

海鹘

海鹘整船呈海鸟状，头低尾高，前大后小，形如鹘；舷下左右置浮板，形如鹘翅。背上左右蒙有生牛皮为城，牙旗、金鼓如战船之制。其船随风浪涨跌，无有倾倒，适宜在海上作战。

海鹘

福船

福船是明代南海水军装备的主要战船，因出于福建沿海，故名。福船船高如楼，尖底上阔，首尾高昂，两侧有护板。全船分四层，下层装土石压舱，二层住兵士，三层是主要操作场所，上层是作战场所。明代抗倭名将戚继光善用福船，他总结与倭寇海战的经验说："福船高大如城，非人力可驱，全仗风势。倭舟自来矮小，如我之小苍船，故福船乘风下压，如车碾螳螂，斗船力而不斗人力，是以每每取胜。"可见居高临下、有坚强的冲击装置是福船取胜的关键。由于采用双舵设计，福船在浅海和深海都能进退自如。郑和下西洋船队的主要船舶——宝船就是采用福船的改进船型。

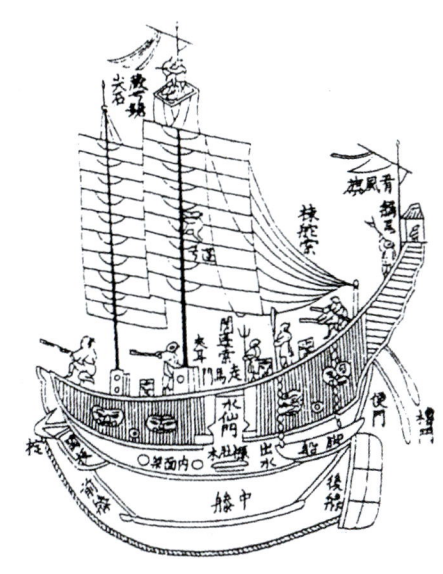

福船

宁温台大捷

明朝戚继光在宁温台沿海地区水路并进，大败倭寇的一次战役

明代福船型号

根据明朝天启年间《武备志》"战船"篇记载，当时福船由大到小一共分为六个型号：

一号福船：型号最大，吃水较深，可达6.6米。机动性能不好，全仗顺风顺潮，难以单独使用。

二号福船：较一号福船稍小，但形体相似，船底狭窄，船面宽阔，吃水约3.5米。船上有楼三层，其旁设护板，交战时人倚护板，而矢石火炮向下投掷，给仰攻之敌以巨大杀伤。

三号哨船：又名"草撇船"，两旁钉竹皮，用于攻战、追击。

四号冬船：也叫"海沧船"，其形制、性能与哨船相似，"然二项船皆只可犁沉贼舟"，风小时亦可行驶，但两旁不钉竹皮。

五号开浪船：又称"鸟船"。其头尖，不管风向、潮汐、顺逆都能行驶。

六号快船：形体与鸟船相似，但体形更小。

哨船

冬船

开浪船

广船

广船因创制于广东而得名，尖尾船、大头船均属于此船型。广船属于大型尖底海船，用铁栗木制造，遇松杉木制成的船只可将其撞碎。但是广船下窄上宽，状如两翼，在近海航行时还比较安稳，如驶远洋则经不起风浪颠簸，故不宜于远洋航行。广船上配备佛郎机、火铳等火器，加之铁栗木材料珍贵，损坏后难以修理，所以造价昂贵的广船数量有限。

广船

苍山船

苍山船又名"苍山铁"，船体较小，高出水面，设有橹，风顺则扬帆，风息则荡橹。此船轻便灵巧，主要用于追敌和捞取敌人首级。通常装备千斤佛郎机两门，碗口铳三个，噜密铳四把，喷筒40个，烟筒60个，火砖30块，火箭百支，药弩四张，弩箭百支。全船37人，水手4人，战士33人，编三甲。第一甲负责佛郎机与鸟铳，第二甲负责其他火器，第三甲负责冷兵器。

苍山船

车轮舸

车轮舸又名"车船",船舷两侧装有带叶片的转轮,中以转轴相连,轴上装踏脚板,水手用力踩踏,转轮转动,叶片激水推进。在船舶的推进主要仰仗风力和人力的时代,通过车轮转动原理以加速船只前进的设计是一种新的尝试。

早在南北朝已有车船的记载。唐代李皋对车船加以改进,用于军事领域。宋代,车船盛极一时,并大量用于水战。南宋时,杨幺在洞庭湖一带起兵反宋,其所造车船最多达40车,计有80个翼轮。南宋初的车船有两个缺点,一是不能在浅水航行,二是不能入海。故南宋官军应对杨幺车船时,放木筏堵塞湖港,散青草于湖面以阻滞车船,并最终取得胜利。

此后,由于车船适宜水战,宋军也大量制造车船。绍兴三十一年(1161)的采石之战中,席卷淮南的完颜亮金军饮马大江,准备南渡,却遭迅驶如飞的宋军车船堵截。这些车船船上起楼,置拍竿,攻击力极强,而且旁设护车板。金军无计应对,南征以失败告终。

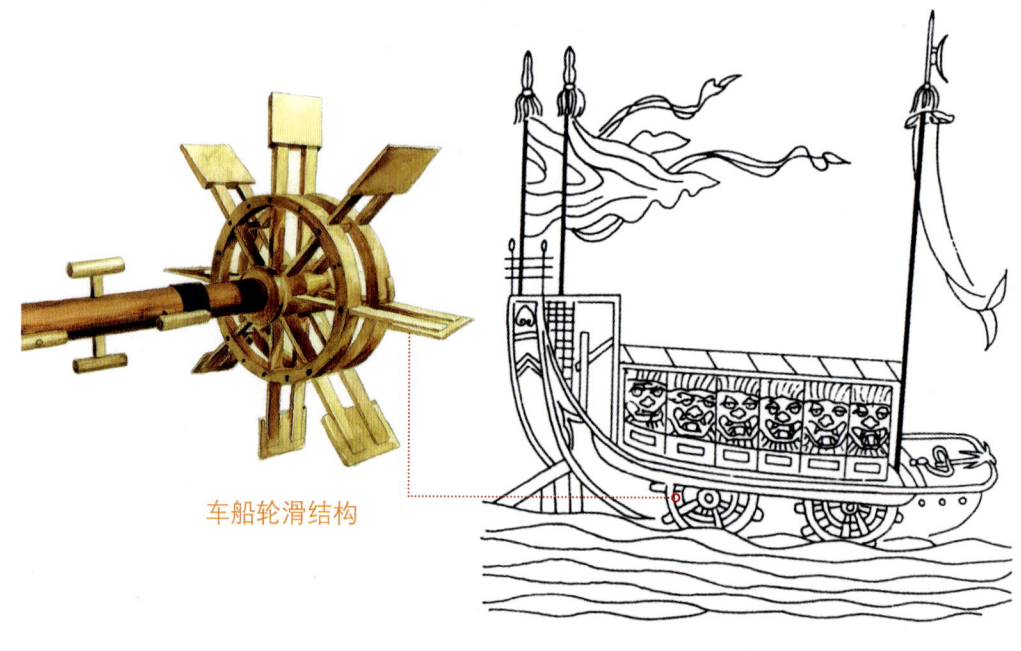

车船轮滑结构

车轮舸

九 进攻与防御武器

城市作为人类进步到文明社会的标志而被载入史册。与城市同时出现的是攻陷城市的手段,而它们又催生了城市防御兵器。在城市的攻与防中,古人的才智不断被激发,最后集合成庞大的兵器系统。

铁蒺藜

铁蒺藜俗称"扎马钉",是一种铁质尖刺的撒布障碍物,结构较为简单,一般有四根伸出的尖锐铁刺,每根长4~5厘米,因其形体如草本植物蒺藜,故名。铁蒺藜着地时,总有一刺朝上,将其布设在敌人经过的隘路、小道或浅水中,可刺伤敌军人马的脚部,迟滞敌军行动。有的铁蒺藜中心有孔,常用绳穿连,以便携带、布设和收取。

铁蒺藜用于战争大约始于战国时期。

秦汉以后,铁蒺藜的使用更为广泛,成为军队中常用的防御器材,布设在城池以及部队营区四周。

宋明时期,铁蒺藜的种类逐渐增多,使用也更加系统。明代兵书《百战奇略·步战》篇中说,步兵与敌人的战车、骑兵作战,必须依托山丘和险要地形;如果没有险要地形可以利用,则要设置拒马和铁蒺藜。

诸葛亮与铁蒺藜

历史上著名的军事家诸葛亮有一个使用铁蒺藜的小故事:235年,诸葛亮率军再出祁山。是年八月,诸葛亮突然得病身亡,失去统帅的蜀军开始回撤。为了防止魏军追赶,长史杨仪依照诸葛亮临终前的嘱咐,在沿途大量布设铁蒺藜。

魏军统帅司马懿得知诸葛亮已死的消息后,率军追赶蜀军。到了关中,司马懿见沿途布设很多铁蒺藜,便令三千名士兵穿着平底木履开路,使铁蒺藜扎在木履上。但即便如此,等排除了路障,大队人马再追赶时,蜀军早已走远了。

锋刺

蜀汉铁蒺藜

三国时期,由于蜀汉不产马匹,便采用铁蒺藜配合车弩的战法对付魏国的骑兵。在今陕西汉中勉县的汉江河与定军山武侯坪等当年魏蜀交战较为集中的地区,经常有铁蒺藜一类的兵器出土

西夏褐釉瓷蒺藜

除用金属铸造外,也有竹、木、陶、瓷等材质的蒺藜替代,样式也有所变化。西夏瓷蒺藜为圆球形,虽只有拳头般大小,除接地处扁平外,表面皆呈钉状,置于地上后不易翻滚。作战时,敌军马蹄一旦踩中蒺藜,就会人仰马翻

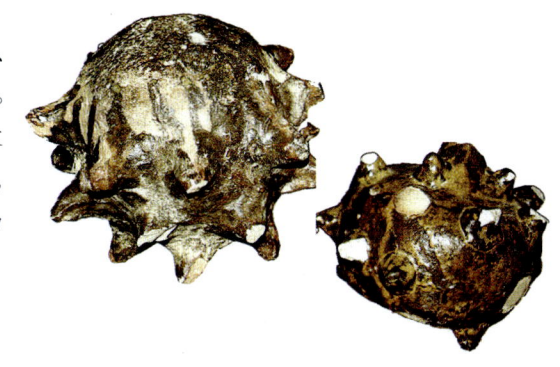

陷马坑

陷马坑为防御工事,陷即"陷阱"。原始社会,人们在狩猎中便通过陷阱来捕猎动物,这一手段后来被引入军事战争之中,陷敌军人马、车辆于坑中。《水浒传》中,梁山排名第七的好汉霹雳火秦明便是被宋江用陷马坑擒住的。

陷马坑也同蒺藜、拒马一样,可对敌人产生杀伤力。唐代李靖在《卫公兵法·攻守战具》中记载:"陷马坑长五尺,阔一尺,深三尺,坑中埋鹿角枪、竹签。其坑似亚字相连,状如钩锁,以草及细尘覆其上,军城、营垒、要路皆设之。"其杀伤力可见一斑。

古代版画中的陷马坑

拒马

拒马是一种可以移动的障碍物，多将木柱交叉固定成架子，并在架子上布设带刃、带刺的武器，起阻止、迟滞敌军人马行动的作用，同时也可对敌产生一定杀伤力，是巩固营垒、防线的重要兵器。明人编撰的《古今事物考》中说"拒马始于三代"，后人由此推断夏商周三代便出现了拒马。《墨子·备蛾傅篇》中介绍：防御城堡时，在城外墙根埋锋利的木桩，长五尺，末端削尖，共埋五行，进行犬牙交错的排列，这可算是早期的拒马。南朝梁代，侯景叛变包围梁都建康（今江苏南京）时，在城外围大量布设拒马，以防止城中之人逃跑，并阻止补给和援军的进入。

唐代出现了拒马枪。在直径二尺的圆木上十字凿孔，安上横木树根，上端呈尖状，布设在城门、巷口等交通要道，限制人马的通行。因其形似鹿角，故又名"拒马鹿角枪"。

明代戚继光的《纪效新书》记载，当时戚家军中使用的一种拒马三根一束，上用屈铁头，下用铁钻，每小队配备六架。这种小型拒马便于携带，但架设之后需要用重物压住，以免被敌人拔出。明代还有"远驮固营拒马枪"，原木中有转心，不用时可收起，便于运输。

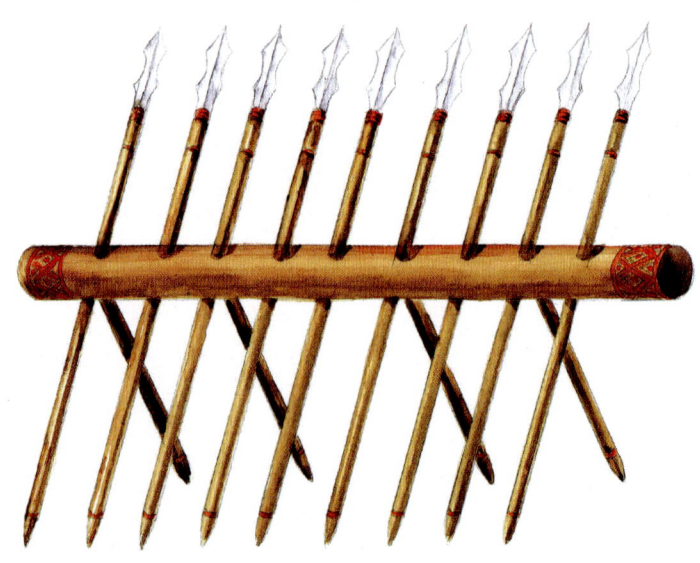

大拒马枪

传统军队宿营图

 狼牙拍

狼牙拍属于回收型的守城兵器。宋代《武经总要》介绍狼牙拍：拍面长五尺（宋代一尺合今 31.22 厘米）、宽四尺五寸（宋代一寸合今 3.12 厘米）、厚三寸的榆木板钉满五寸长、重六两（宋代一两合今 37.30 克）的狼牙铁钉 2200 个，四面装刀刃，以加强杀伤力。狼牙拍前后各有两个铁环，以麻绳穿起，钩于城头。敌军攻城时，将拍放下，通过自身重量及锋刃杀伤敌人。

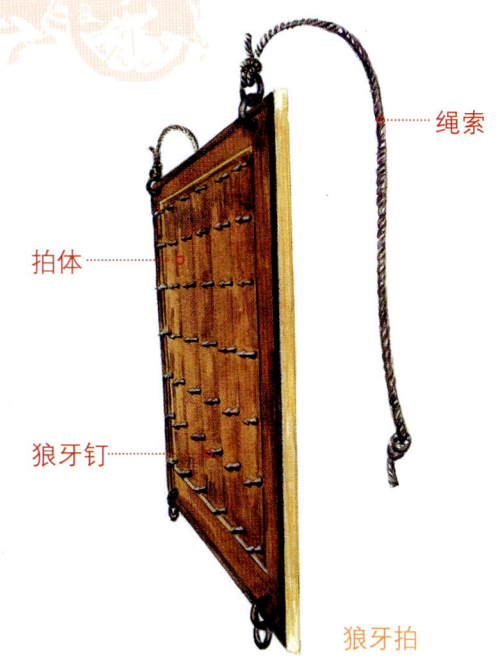

狼牙拍

绳索
拍体
狼牙钉

进攻与防御武器

檑具

檑又作雷，是城防时守方用以在城上居高临下打击敌人的器械，通过重力投掷产生杀伤力。檑的种类很多，文献记载的便有"木檑""泥檑""砖檑""车脚檑""夜叉檑"等。木檑是檑具常见的样式，是一根钉有铁钉、尖刀等尖锐之物的巨大木柱。泥檑和砖檑都是用泥土加工制成，二者杀伤力不及木檑。檑具制作的材料较易获得，但在实战中，檑具消耗很大。若在敌人长期围城、城中资源有限的情况下，也难以制造，所以便出现了可回收的车脚檑与夜叉檑。

车脚檑和夜叉檑都是在城上立一个绞车，檑具用绳索与绞车连接，投掷后通过绞车收回。不同点在于车脚檑呈车轮形状，而夜叉檑是在木檑的两端装轮子，都尽量避免檑具与城墙摩擦产生阻力，以便迅速收回。

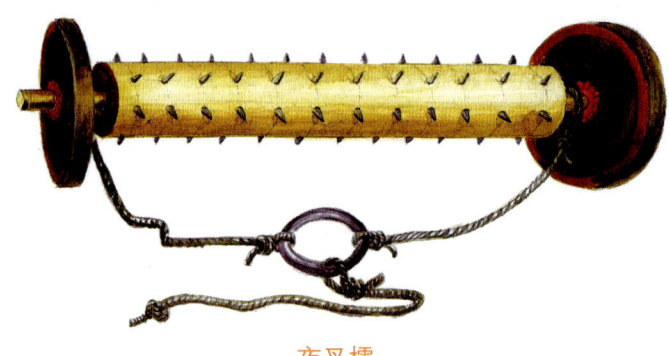

夜叉檑

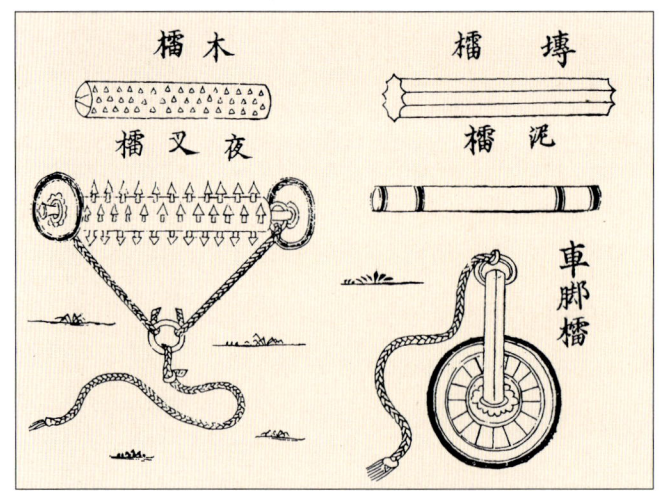

《武经总要》中的檑

猛火油柜

猛火油柜是中国古代利用石油作为燃料的一种火焰喷射器。石油原油最早称"石漆"，唐代叫"石脂水"，五代时叫"猛火油"。猛火油柜出现于在宋代前后，其构造部分及其原理与现代火焰喷射器相似。由于猛火油柜形制大，较笨重，专门设在城墙上，作为一种守城的重要兵器。此外，还常在水战中将其作为烧毁敌船的兵器使用。

注碗

杓

沙罗

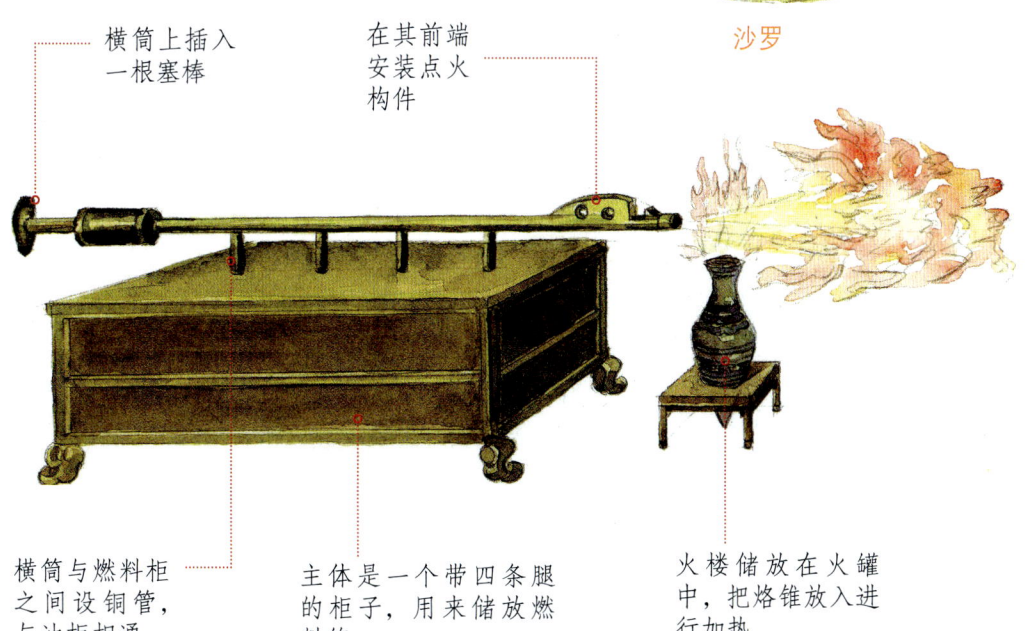

横筒上插入一根塞棒

在其前端安装点火构件

横筒与燃料柜之间设铜管，与油柜相通

主体是一个带四条腿的柜子，用来储放燃料箱

火楼储放在火罐中，把烙锥放入进行加热

猛火油柜

喷射火焰时，先把火药填入"火楼"，然后用热的烙锥点火。

点着火后，拉出塞棒，把猛火油从燃料箱中抽吸上来，再依靠塞棒的推压使油喷射出去。油通过火楼时被点燃，把火焰喷向敌人

幔

幔可看作攻城战中防守用的大型盾，分竹木制和布制两种。

竹木幔尺寸较大，是用以遮挡守城敌军发射的箭、石弹的一种防护兵器，在接近城墙时，也可用于坑道入口的防护。布幔用麻绳厚厚编织而成，配置在城墙上，用以遮挡攻城敌人射来的箭和石弹。布幔不固定，只以木杆支撑，箭矢命中后，其冲击力在幔的阻碍下大为降低，并改变方向，能有效保护幔后边的士兵。当敌人爬上城墙时，推开布幔可乘虚对其进行攻击。

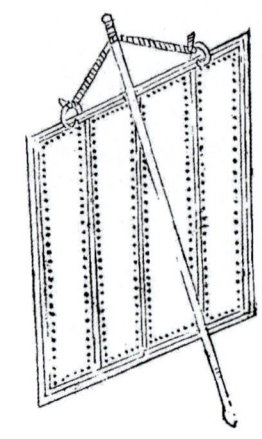

布幔

546年，高欢率领东魏大军围攻玉璧，经过两次攻城失败后，高欢制造了攻城车，再度攻城。攻城车冲破路上所有障碍物，向城墙逼进。守城统帅韦孝宽命士兵用布缝合成幔，配置在攻城车前进的路上。能够冲破竹木盾牌的攻城车面对飘扬在半空中的布幔使不上力，无法继续前进。高欢的此次进攻又以失败告终

竹幔

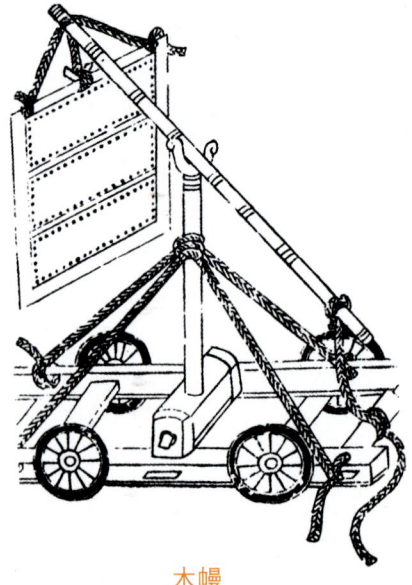

木幔

塞门刀车

城门若被攻破，守城一方仍有一些补救措施，塞门刀车便是此时使用的一种有利武器。塞门刀车属于车载城防武器，《武经总要》中对其形状及用途有所阐述：塞门刀车多采用坚实大木制作而成，为两轮板车形，其宽度依城门宽度而定，车上立厢板式挡墙，挡墙上密布尖刀。塞门刀车平时停放城门旁侧，当攻城敌军即将攻破城门时，将其移至城门处，既能借车身运动之势撞刺攻城敌军，又可将城门堵塞。塞门刀车也可用于营寨的守卫，以及在巷战中封锁道路。

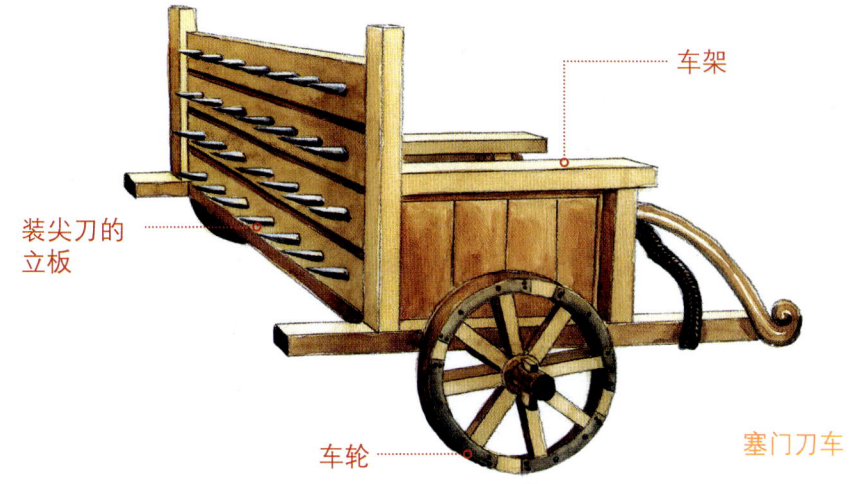

装尖刀的立板　　车架　　车轮　　塞门刀车

地听

地听又称"瓮听"，是古代城防战时用于侦测声源目标方位的器材。《墨子·备穴》记载：战国时，守城者针对敌军把地道掘入城内，在内城墙下挖井，井中放置一口新缸，缸口蒙一层薄牛皮，令耳聪者伏在缸上监听，根据敌方开凿地道发生的声响所激起缸体的共振来判断掘进的方向及进度，以便采取相应的防御和反击措施。

地听

城门及消防器材

城门是进出城池的通道,是城市攻防战中的要冲。城门失守几乎标志着守城一方的失败,因此,古代城市在城门的修筑上颇下功夫。城门的材质采用坚质的厚木,城门垂直的门柱和门梁用铁环加固并焊牢,外面包上铁皮或钉上铁钉。战时为了防止敌人火烧,还在城门上涂抹泥土;为了防止内应从内部开城,紧固城门的横栓和门闩皆加锁封印。在我国历史上,墨家十分重视城门的守卫,主张在战时,城门要钻出空洞,将孔眼用链板盖住,当敌人接近或砍击城门时,可从此处发射弓弩或刺出矛戟。

攻城部队常常投掷燃烧弹,因此每座城门楼必须预储水源,以便随时灭火,减少伤害。这些消防器械主要有以牛马杂畜的皮毛制成的水袋和用猪或牛的胞衣制成的水囊。

水囊

古代城门示意图

壕桥

壕桥是跨越护城壕的攻城器械。壕桥大约出现在宋代，它将此前的填壕变为搭桥，使跨越堑壕更加便利。壕桥长短以壕为准，采用粗大坚固的木材，下部安装有车轮。《武经总要》说"推进入壕，轮陷则桥平可渡"，可见壕桥在使用时，轮子是悬在壕沟上的。若壕沟的宽度略超过壕桥时，轮子陷入壕底，轮子就要起到桥柱的作用，因此轮子的尺寸都很大。如果城壕太宽，还可采用"折叠桥"：以两壕桥相接，中间施转轴，用法与壕桥相同。

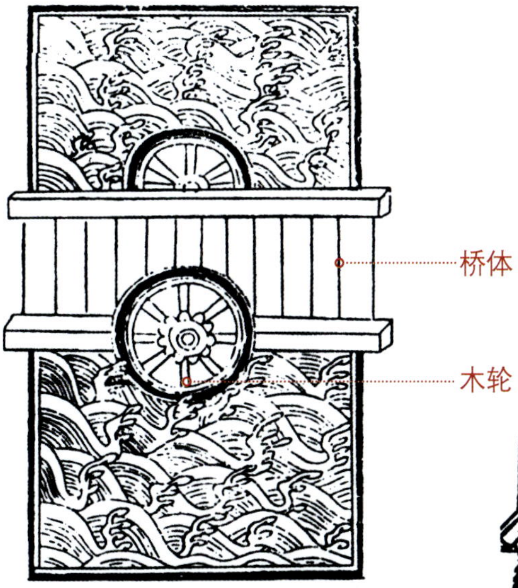

使用壕桥过河

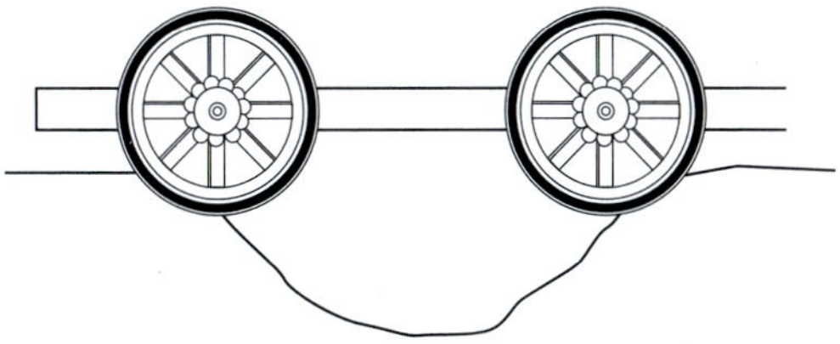

壕桥使用示意图

桥体
桥体有桥面和护栏

木轮

木轮

绳索

折叠壕桥

望楼

望楼又名"楼车",是用以登高观察敌情的车辆。根据《通典·兵典》的记载,其车体为木质,底部有四轮,可推动。车上树望竿,竿由上向下设有很多脚踏板,可供哨兵上下攀登。竿顶设置望楼,楼下装转轴,可四面旋转观察。竿上还系有六条绳索,绳索没有绕过望楼顶端,仅起加固作用,其下端以带环铁橛楔入地下。

望楼

撞车

撞车是中国古代一种城战攻防兵器,由撞锤、锤柄、支架等几部分构成。撞锤多为铁制,攻城时用其撞击城门或城墙,以便打开缺口,攻入城中。撞车在城防时也可使用,是对付云梯的有效武器。

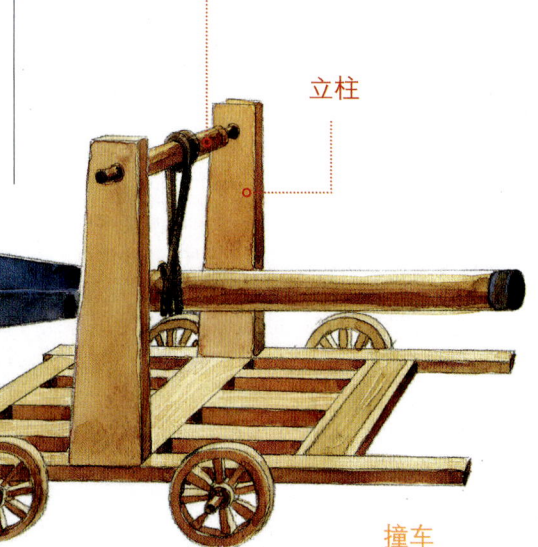

横轴

立柱

撞锤
粗大,前端如矛,外包厚厚的生铁皮

底盘

轮

撞车

巢车

巢车是用以登高观察敌情的车辆。根据唐代杜佑《通典·兵典》的记载，巢车是八轮车，可以推动，车上竖着两根柱子，柱子顶端设滑轮，通过滑轮吊起一"板屋"。攻城时士兵可在升起的板屋里对敌方进行瞭望，为防敌人矢石破坏，板屋外面蒙有生牛皮。车上高悬的板屋远观如鸟之巢，故名"巢车"。巢车早在春秋时便已经出现。公元前575年鄢陵之战时，楚共王便曾在太宰伯州犁的陪同下，亲自登上巢车察看敌情。

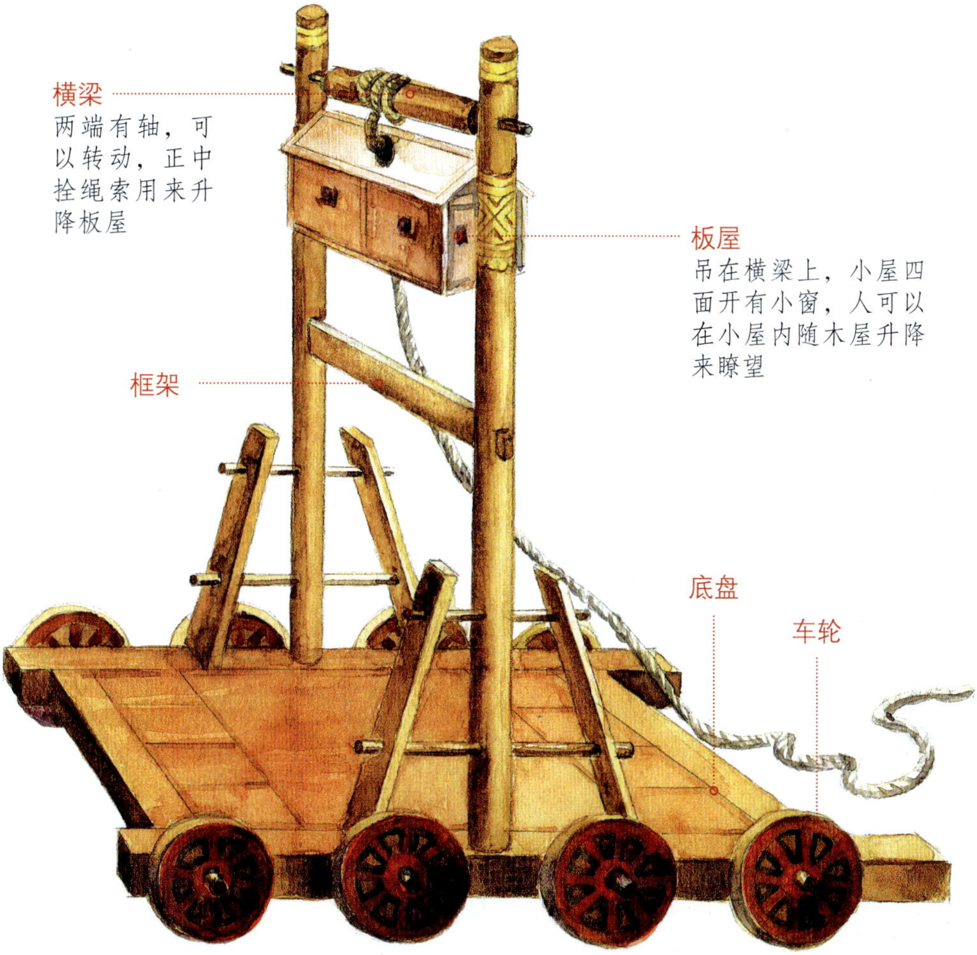

横梁
两端有轴，可以转动，正中拴绳索用来升降板屋

板屋
吊在横梁上，小屋四面开有小窗，人可以在小屋内随木屋升降来瞭望

框架

底盘

车轮

巢车

东京保卫战

宋宣和七年（1125），金兵南下侵略宋朝，包围了北宋都城东京（今河南开封）。宋钦宗任命李纲全面负责东京的防务。李纲积极组织军民备战，修楼橹，挂毡幕，安炮座，设弩床，运砖石，施燎炬，垂檑木，备火油，准备了足够的防守器械。攻城屡屡受损的金军迫于局势的变化，最终撤退

辏辒车

辏辒车是用以掩护攻城人员抵近城池的攻城器械。辏辒车在征伐频繁的春秋战国时代便已出现。唐代杜佑《通典·兵典》描述辏辒车是一种四轮车，用绳索作为上面的脊梁，以生牛皮蒙覆，下面可容纳十人。辏辒车底部是空的，士兵可以在里面推车前进。当城壕填满后，士兵推车径至城墙下，可以攻击并掘城墙。宋代《武经总要》中记录有尖头木驴和木牛车两种攻城器械，从功能看都属于辏辒车一类。尖头木驴形如辏辒，但上尖下方，车壁的倾斜度加大，不易被城上的投掷物砸中。尖头木驴为六轮，稳定性也强于传统的辏辒车。《武经总要》中载木牛车："木牛以坚木厚板为平屋，裹以生牛革，下施四车轮，自内推进。"可见其为一种制作简便、较为坚固的辏辒车。

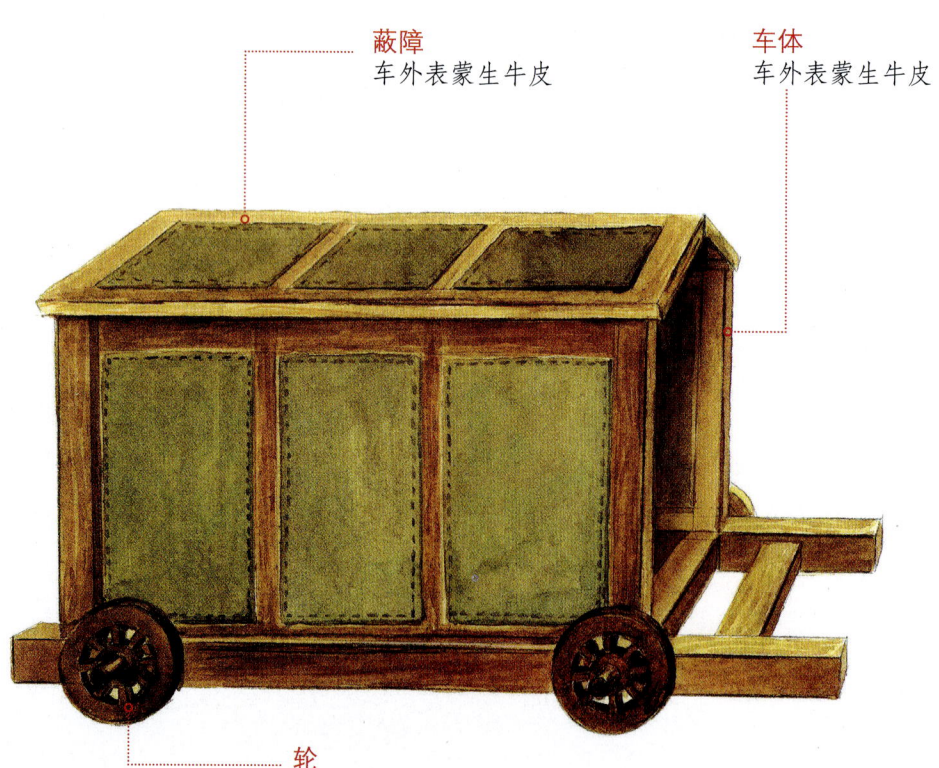

蔽障
车外表蒙生牛皮

车体
车外表蒙生牛皮

轮

辏辒车

云梯

云梯是中国古代在攻城战中用以攀登城墙或侦察敌情时使用的攻城器械。云梯早在商周时便已出现，春秋时的巧匠鲁班加以改进，形成车轮、梯身、钩三部分的固定结构。在兵器大发展的宋代，云梯结构有了很大的改进，首先加强了车体部分的防御能力，车厢用粗木做成底板和立柱，外面贴挂坚厚的牛革。下面安有六个车轮，由车厢里的士兵用人力进行移动，减少接近城楼时人员的伤亡。梯身采用中间以转轴连接的折叠式结构，降低了云梯在接近城墙前的高度。攻城时，将主梯停靠于城下，架设上城梯，副梯便可"枕城而上"，减少了敌前架梯的危险和难度，同时避免云梯在登城前过早与城缘接触而遭敌破坏。副梯顶端带有用于挂住城墙的铁钩。通过云梯上拴系的粗绳还可调整梯子的角度。云梯的改进使登城近敌更为简便、迅速。明朝以后，巨大的云梯无法抵御火器的攻击，逐渐被废弃。

进攻与防御武器

云梯
云梯攻城属于强攻，需要尽可能减少近敌时间，迅速抵达城上，攻破城防。所以云梯必须结构简单，重量轻，故多以木或竹制成

绳
用于调整梯子的角度

钩
作为攻城用的梯子，钩有多种变化

抛石机

抛石机又称"石炮",是利用杠杆原理抛射石弹的远程攻击性武器。至迟在春秋末期,抛石机便已经出现,汉唐时期屡有使用,到了宋代有了很大发展,品种日多,威力增大。抛石机没有机动性,主要用于攻打城池或守城之用。防御使用时,不设置在城墙上,而是在城中,由城墙上的观测手校订坐标后进行瞄准发射,可压制和摧毁敌人的大型攻城兵器和攻城设施。宋末,以骑兵为主的北方游牧民族善于野战,但攻城战效率不高,后来通过使用抛石机,改变了这种局面。此后,随着火器的大量使用,抛石机逐渐被发射火药的火炮所取代。

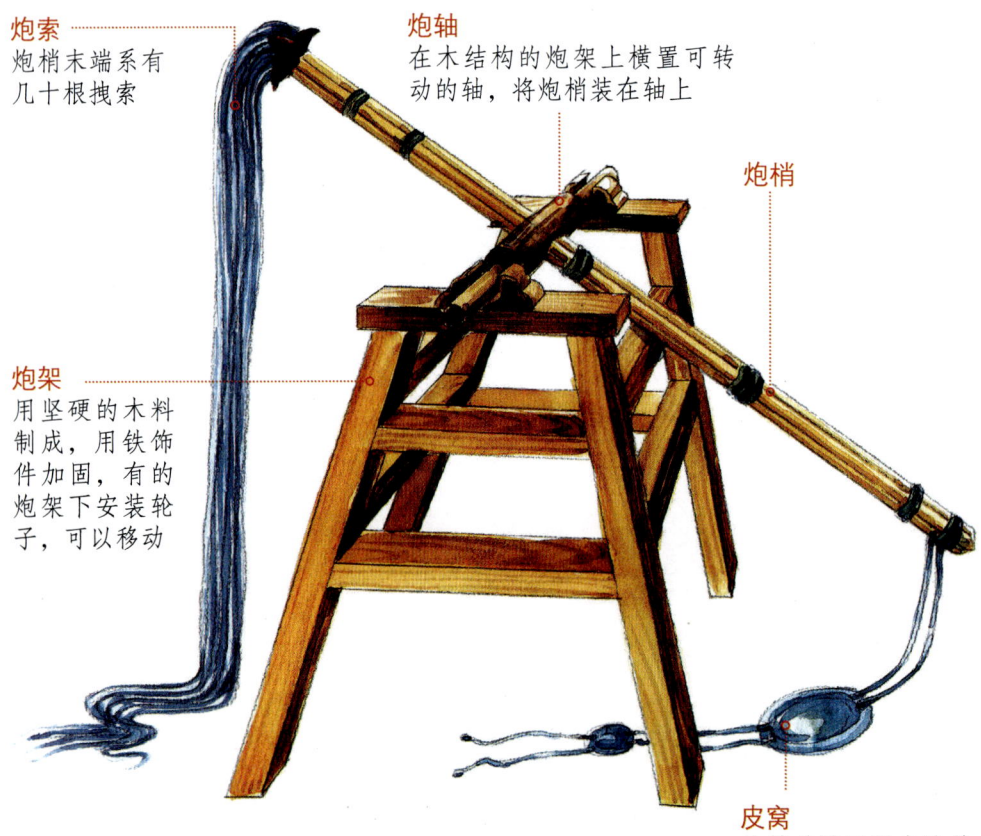

炮索
炮梢末端系有几十根拽索

炮轴
在木结构的炮架上横置可转动的轴,将炮梢装在轴上

炮梢

炮架
用坚硬的木料制成,用铁饰件加固,有的炮架下安装轮子,可以移动

皮窝
炮梢前端用绳索连着一个兜装石弹的皮窝

抛石机

发射前,炮梢斜置轴上,前端着地,末端翘昂于空中。当石弹安置在皮窝中以后,由士兵各执拽索猛然齐力下拽,使梢杆反转上弹,将皮窝内的石弹抛射出去

宋代旋风车炮

早期抛石机的木架是固定的，不便于迅速改变射击方向，旋风炮便应运而生，其支撑点可以旋转，便于方向的转换。此后还出现了旋风车炮，把旋风炮装载在车上，以提高炮的机动能力

襄阳炮

襄阳炮是利用重砣落下时产生的势能发射石弹的抛石机，比最早完全依靠人力的抛石机有很大进步。首先，它减少了牵拽索人员的数量，数个操作熟练的人就能发射很重的弹丸。其次，通过调节重砣的重量，射程及精准度有了很大的提升。

襄阳炮由西亚人发明，而后传到世界各国。中国最早使用这种抛石机是在南宋末年蒙古大军对襄阳的攻城战中。当时，襄阳在守将吕文焕的有力指挥下坚守了五年。元世祖忽必烈召集工匠制造了能够发射巨弹的这种炮，最终突破了城墙防守，占领了襄阳。襄阳一失，南方的门户大开，元军由此南下，灭亡了南宋

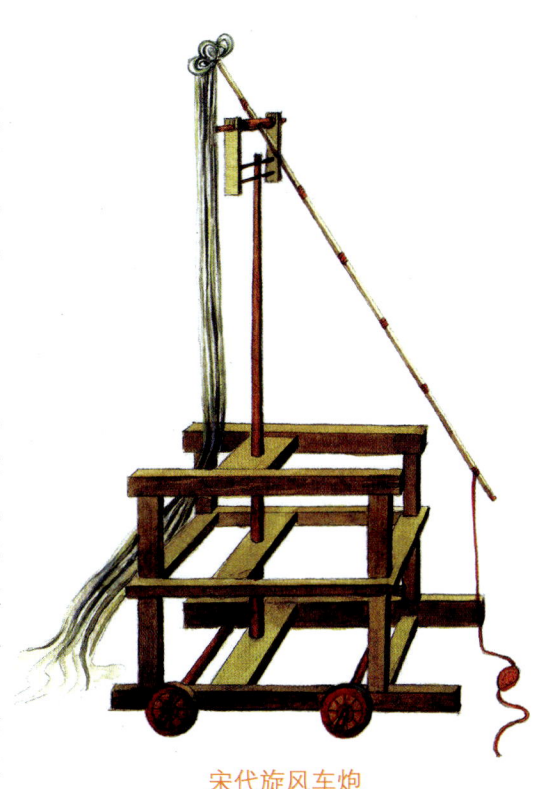

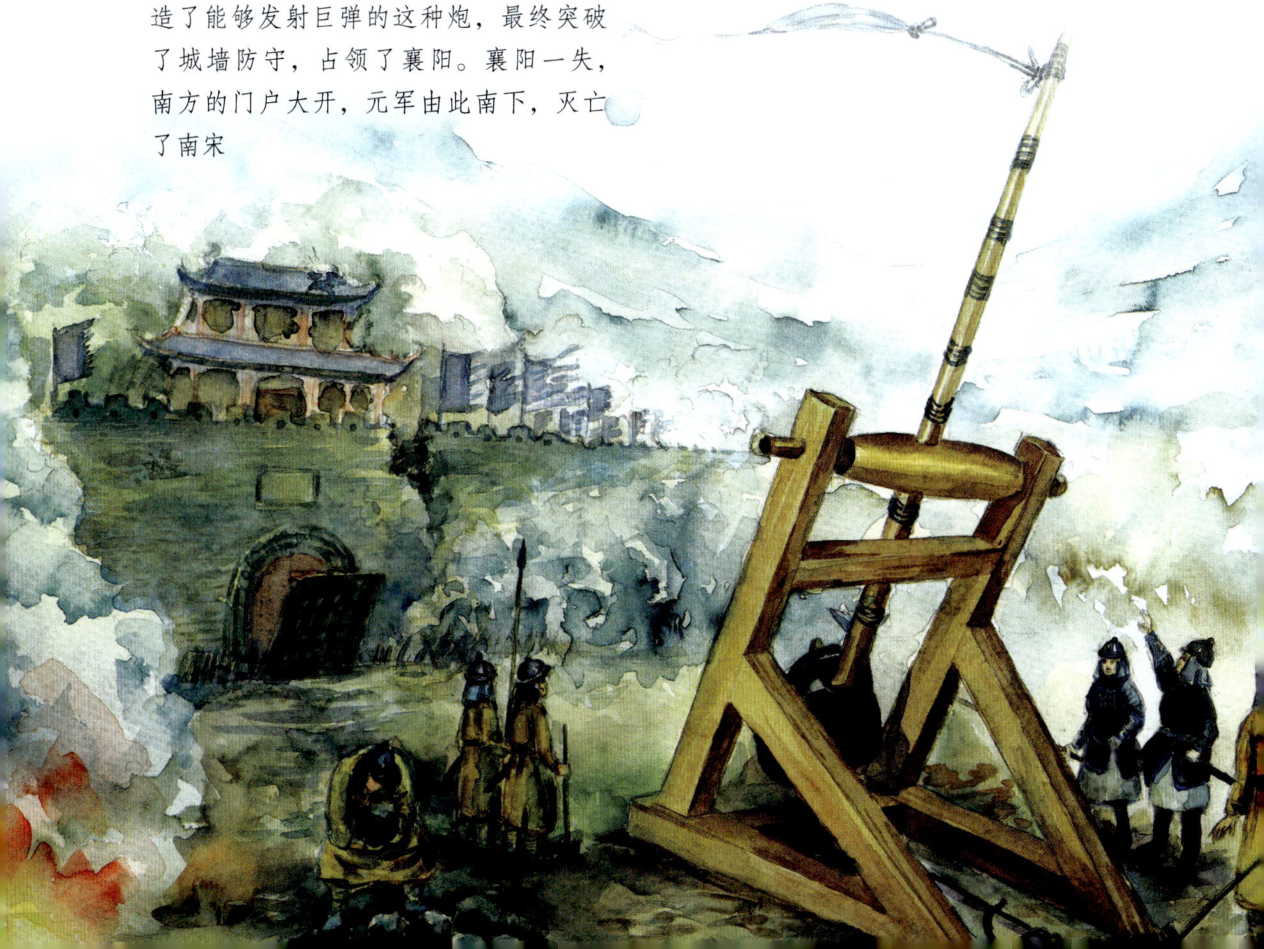

宋代旋风车炮

东汉官渡之战

东汉末年曹操和袁绍的官渡之战中,袁军的兵力强大,曹军筑阵坚守,双方处于对峙状态。袁军在曹军营外挖地筑山,居高临下,用弩箭攻击曹军。后来,曹操采纳了部下研发的"霹雳车"发石,摧毁了袁绍的全部高台,获得大胜

参考资料：

戚继光. 纪效新书. 北京：商务印书馆，1936
戚继光. 练兵实纪. 北京：商务印书馆，1936
周纬. 中国兵器史稿. 北京：三联书店，1957
魏源. 圣武记. 北京：中华书局，1975
杨泓. 中国古兵器论丛. 北京：文物出版社，1980
李少一、刘旭. 干戈春秋——中国古兵器科技史话. 北京：中国展望出版社，1985
中国军事百科全书. 北京：军事科学出版社，1987
刘旭. 中国古代火炮史. 上海：上海人民出版社，1989
成东、钟少异. 中国古代兵器图集. 北京：解放军出版社，1990
陆敬严. 中国古代兵器. 西安：西安交通大学出版社，1993
周世德. 雕虫集——造船·兵器·机械·科技史. 北京：地震出版社，1994
茅元仪. 武备志. 上海：上海古籍出版社，1995
王兆春. 中国古代兵器. 北京：商务印书馆，1996
陆敬严. 图说中国古代战争战具. 上海：同济大学出版社，2001
宋应星. 天工开物. 北京：中国社会出版社，2004
郭建. 金戈铁马. 长春：长春出版社，2004
李约瑟. 中国科学技术史. 北京：科学出版社，2005
杨泓. 古代兵器通论. 北京：紫禁城出版社，2005
骈宇骞等译注. 武经七书. 北京：中华书局，2007
秦彦士. 军事与墨家和平主义. 北京：人民出版社，2008

国粹图典

兵器